ÉPOQUES

ANTÉDILUVIENNE ET CELTIQUE

DU POITOU.

Poitiers. — Typ. de A. Dupré.

ÉPOQUES

ANTÉDILUVIENNE ET CELTIQUE

DU POITOU

1re PARTIE.

TOPOGRAPHIE

PAR

A. BROUILLET

2me PARTIE.

TECHNOLOGIE

PAR

A. MEILLET

Membres de la Société des Antiquaires de l'Ouest.

AVEC 50 PLANCHES IN-4° GRANDEUR NATURELLE.

POITIERS
GIRARDIN.
LÉTANG.
NIORT
CLOUZOT.

PARIS
DUMOULIN,
Quai des Augustins, 13.
DERACHE,
Rue du Bouloy, 7.

1865

AVANT-PROPOS.

L'homme a-t-il sur notre globe la place récente que lui ont assignée bien des livres et bien des auteurs ? C'est la question à l'ordre du jour. Des hommes de grand mérite, Cuvier, Elie de Beaumont ont soutenu le contraire.

« Un savant qui se trompe recule la science de plusieurs siècles, » a dit un écrivain dont le nom m'échappe. Cet axiome n'est que trop vérifié et affirmé par les travaux immenses qui depuis quelque temps ont pris cette direction. Tous les hommes intelligents qui ont été à même d'étudier cette question palpitante ont fait d'autant plus d'efforts pour la résoudre que l'on a mis d'acharnement à la combattre. Nous venons donc apporter une pierre à l'édifice. Ce n'est pas avec des théories que nous affirmerons l'antiquité de la race humaine, ce n'est qu'avec des faits. J'ai remarqué que beaucoup de ceux qui avaient cherché à élucider cette question avaient peu ou point vu de cavernes et ne s'en étaient rapportés qu'à quelques descriptions incomplètes ou à des échantillons plus incertains encore. Nous avons, M. Brouillet et moi, visité et fouillé attentivement 65 cavernes dans le département, et nous continuons tous les jours. Dans quelques-unes, nous avons travaillé des mois entiers, assistés de nombreux ouvriers.

Jusqu'ici 19 nous ont offert des traces évidentes de l'industrie humaine ; c'est sur la classification raisonnée des différents faits qu'il nous a été donné d'observer, que notre travail a été coordonné, après avoir longuement débattu, pièces en main, les diverses opinions émises à ce sujet. Quatre à cinq mille échantillons de toute nature attentivement examinés, recueillis de nos propres mains, ont pu nous permettre de tirer quelques conclusions.

M. Brouillet s'est chargé, dans la 1re partie, de décrire minutieusement toutes nos découvertes et de les dessiner fidèlement. Toutes les planches représentent, avec exactitude et de grandeur naturelle, les objets principaux. La seconde partie, que j'ai traitée, est consacrée aux observations techniques et géologiques que l'on peut déduire de l'ensemble des découvertes. Nous pensons que l'exactitude des descriptions et les recherches assidues auxquelles nous nous sommes livrés depuis tant de temps nous mériteront quelque indulgence. Nos collections, du reste, sont à la disposition de quiconque voudra les étudier et se faire une opinion personnelle.

Nous nous étions pressés de faire imprimer ce travail pour le présenter au congrès des sociétés savantes de juin 1864. Comme quelques parties étaient tirées déjà, il ne nous fut pas permis de le lire, cette réunion n'admettant que les manuscrits. Précédemment, cependant, nous en donnâmes un résumé succinct dans le *Journal de la Vienne* du 15 janvier 1864, qui parut aussi dans le *Moniteur de l'Instruction publique*. Nous tenons à établir ces dates, car, pendant toutes nos courses, d'autres chercheurs, profitant de nos découvertes, couraient après nous sur nos traces, et, bâclant plus vite leur besogne, se hâtaient d'en donner des aperçus à diverses réunions scientifiques. Notre travail a été fait plus lentement, c'est vrai; mais nous avons tenu à réunir tous les matériaux nécessaires pour le conduire à bonne fin, et nous avons surtout tâché de ne décrire que des découvertes toutes personnelles.

Chacun de nous a travaillé séparément à son œuvre, et n'est responsable que de ce qu'il a signé. Nos lecteurs nous jugeront, et nous ne demandons qu'une chose : c'est que

Par sit fortuna labori.

MEILLET.

TABLE DES MATIÈRES

DE LA PREMIÈRE PARTIE

I.

MONUMENTS D'AGE INCONNU, PRÉSUMÉS ANTÉDILUVIENS.

II.

MONUMENTS ANTÉ-HISTORIQUES DITS CELTIQUES.

III.

MONUMENTS PRÉSUMÉS DE L'ÉPOQUE ROMAINE OU GALLO-ROMAINE.

ANTIQUITÉS CELTIQUES ET ANTÉDILUVIENNES

DU POITOU

OU

NOTES

SUR UNE EXCURSION ARCHÉOLOGIQUE ET GÉOLOGIQUE

DANS LE DÉPARTEMENT DE LA VIENNE,

Par M. Amédée BROUILLET,

Membre de la Société des Antiquaires de l'Ouest.

I

NOTE PRÉLIMINAIRE.

« Si l'on me demande ce qui, de tout croire
» ou de ne rien croire, nuit le plus aux progrès
» de la science et de la vérité, je répondrai que
» c'est de ne rien croire. Mais il est quelque chose
» de plus nuisible encore, c'est de tout nier sans
» rien voir, ou bien de ne vouloir rien voir, afin
» de pouvoir tout nier. »

(BOUCHER DE PERTHES, *Antiquités celtiques et antédiluviennes*, note 38.)

Autrefois les monuments dits celtiques étaient généralement considérés par les habitants des campagnes et les gens peu instruits, comme l'œuvre des fées, des sorciers ou du diable ; aussi sont-ils encore souvent désignés par des noms qui prouvent la superstition dont ils étaient l'objet.

Les historiens les ont attribués généralement aux Gaulois ; mais, depuis, des études archéologiques et historiques, des faits constatés par des savants, ont prouvé qu'ils étaient bien antérieurs à ces peuples qui, eux-mêmes, les considéraient déjà comme des antiquités dont ils ignoraient l'âge. Les objets trouvés dans les fouilles faites sous ces monuments les font attribuer, maintenant, aux premières migrations antéhistoriques qui ont précédé les Gaulois à une époque dont la durée est inconnue, et que l'on est convenu d'appeler l'*âge de pierre*, parce que les armes et outils de cette époque sont presque tous en pierre.

C'était là la dernière limite des suppositions archéologiques relativement aux plus primitifs habitants des Gaules.

Mais il est dans la nature de l'homme, et de l'antiquaire surtout, d'être insatiable dans ses recherches, et aujourd'hui ce n'est plus dans les sépultures séculaires des dolmens et des tumuli qu'il faut fouiller pour trouver les débris des premières sociétés humaines. Non, il faut encore franchir des siècles, des périodes de temps incalculables, et venir exhumer du limon diluvien des cavernes les preuves incontestables, authentiques, de l'existence de générations inconnues d'hommes et d'animaux, les débris enfin d'un monde tout autre que le nôtre. Non-seulement la surface de nos continents n'est plus ce qu'elle était dans les premiers âges de la création de la terre, mais aussi la végétation, le climat, les habitants, tout a changé, tout a disparu, et Dieu seul a conservé le souvenir de ses premières œuvres; depuis, des chaînes de montagnes ont surgi du sein de la terre, des vallées profondes se sont creusées, des lacs se sont taris, des volcans se sont éteints, et les eaux, plusieurs fois bouleversées par ces perturbations du globe, ont roulé en torrents impétueux sur la surface de notre planète, jusqu'à ce qu'elles aient repris leur équilibre et formé les mers actuelles, mais cela après d'affreux désastres, après avoir anéanti presque tous les êtres qui peuplaient alors ce sol primitif !... Tout ce monde qui semble impossible et imaginaire surgit aujourd'hui du fond des cavernes, des entrailles de la terre (1), avec ses mœurs et son industrie.

A l'œuvre, dit-on, on connaît l'artisan ; eh bien ! ne peut-on pas dire aussi : à son industrie on juge un peuple ; on apprécie son intelligence, sa force, ses connaissances? Et les historiens, qui ne veulent pas admettre la sauvagerie de ces peuplades primitives (2), n'avaient certes pas étudié les monuments laissés par elles, et dans lesquels il n'est pas possible de voir autre chose que la plus complète barbarie. Quelle idée, en effet, peut-on avoir de ces générations éteintes qui ont laissé, pour tout témoignage de leur intelligence, de leur savoir, de leur industrie, des blocs de rochers informes entassés les uns sur les autres, des poteries grossières, des haches et des couteaux de pierre !... Je ne sais, en vérité, où l'on peut trouver de la civilisation dans une simplicité si primitive.

Mais, quelque sauvages que nous semblent ces débris d'outre-tombe, ces lambeaux d'âges inconnus, ils sont précieux pour nous, car ce sont là les premiers pas d'une civilisation naissante, les premières aspirations artistiques d'un peuple encore enfant et naïf; « et si les Celtes n'étaient pas » des architectes élégans, du moins ils savaient fonder pour » l'avenir. Lorsque tous les monuments de l'art et de la civi- » lisation auront été renversés, ceux de la barbarie seront » encore debout; et ces dolmens qui dominaient nos cam- » pagnes, quand nulle cité n'y apparaissait, s'y montreront

(1) *Voir* le remarquable ouvrage de M. Boucher de Perthes, intitulé *Antiquités celtiques et antédiluviennes.*

(2) M. Trémolière, dans son *Mémoire sur les monuments celtiques en général, et ceux du département de la Marne en particulier.*

» encore lorsque depuis longtemps les cités en auront dis-
» paru (1). »

Le Poitou, comme toutes les autres parties du monde, a eu aussi lui ses habitants antédiluviens, ses peuples aussi sauvages peut-être que les bêtes féroces auxquelles ils disputaient la possession des forêts et celle des cavernes dont elles faisaient leurs tanières ; et sur ce sol, où nos *Nemrods* modernes poursuivent si vaillamment aujourd'hui le cerf, le chevreuil, le loup et le renard, ces peuples, avant eux, y ont chassé au lion, au tigre, à l'hyène, à l'éléphant, à l'aurochs et au sanglier.... Ce ne sont pas là des fictions d'antiquaires, mais des vérités constatées par des faits irrécusables.

Une plume plus habile que la mienne trouverait là matière à écrire quelques belles et savantes pages ; moi, je ne fais que frayer le chemin, indiquer des monuments et constater des faits avec toute la sécheresse d'un procès-verbal.

Je souhaite donc que ces notes piquent la curiosité des savants et des amateurs poitevins, et fassent naître en eux le désir d'apporter leur coopération à la rédaction de l'histoire si intéressante des premiers habitants de cette petite partie du globe que nous appelons le Poitou.

(1) Note 39, pag. 581, t. 1849. Boucher de Perthes, *Antiquités celtiques et antédiluviennes.*

II

MONUMENTS D'AGE INCONNU, PRÉSUMÉS ANTÉ-DILUVIENS.

Gisement d'os fossiles à Verrières et à Lhommaizé.

En coupant une roche située dans un jardin, derrière le chevet de l'église de Verrières, on a trouvé dans du sable dolomitique un gisement considérable d'ossements fossiles dont le volume de quelques-uns fait supposer qu'ils ont dû appartenir à des animaux d'une grande taille.

M. Meillet et moi nous y avons trouvé : 1° une dent de carnassier parfaitement conservée, peut-être celle d'un ours des cavernes (pl. II, fig. 5) ; 2° un autre morceau d'os arrondi, dont un côté est convexe et poli : le savant M. Lartet, de Paris, auquel je l'ai montré, n'a pu le déterminer complétement à cause de sa forme peu caractéristique ; cependant il serait tenté de croire que c'est peut-être un fragment d'omoplate d'éléphant ; 3° un troisième fragment ayant la forme d'une côte énorme, qui ne peut avoir appartenu qu'à un animal de même taille; 4° deux morceaux d'os cassés en pointe, annonçant incontestablement un travail humain et disposés pour faire des lances ou des flèches. Je les reproduis de grandeur naturelle, pl. II, fig. 3 et 4. Dans les cavernes du Chaffaud, commune de Savigné, on trouve une grande quantité de ces os cassés intentionnellement en pointes, destinés à faire des armes et mêlés à une grande quantité de silex taillés, dont je parlerai plus loin.

Il paraît que, dans une de ces cavernes, qui sert actuellement de cave à un aubergiste de Verrières, on a trouvé une telle quantité de ces ossements, que l'on a pu en charger une charrette pour une usine de noir animal. Bien que la chose me semble exagérée, je crois, d'après ce qui paraît encore en place en différents endroits, qu'il serait possible d'en trouver assez pour satisfaire les désirs des géologues les plus avides de ces débris anté-diluviens.

Il y a plusieurs années, on avait signalé une découverte à peu près semblable faite à Lhommaizé, près de Verrières ; en coupant une roche pour faire la route, on découvrit les restes d'un squelette d'éléphant et une grande quantité d'os appartenant à d'autres espèces d'animaux.

Dans une récente excursion que j'ai eu le plaisir de faire aux cavernes de Lhommaizé, de Verrières et de la Bussière, avec M. Lartet, de Paris, et M. Henri Christy, de Londres, nous avons trouvé de nouveaux ossements qui ont permis de reconnaître quelques-unes des espèces d'animaux auxquelles ils appartenaient. Pour les cavernes de Verrières, ce sont notamment celles du bœuf, du cheval, très-probablement de l'éléphant, de l'ours des cavernes et de l'hyène.

Pour les cavernes de Lhommaizé, ce sont celles du bœuf ou aurochs, du cheval, de l'éléphant, de l'hyène.

De plus, dans la couche où j'ai recueilli quelques ossements, j'ai trouvé un silex taillé, d'un travail humain incontestable. (Pl. II, fig. 6.)

Cavernes de la Bussière,

Commune de Gouex.

Ces cavernes sont au nombre de trois ; elles offrent un grand intérêt géologique. La première, située au pied d'un coteau très-escarpé, est remarquable par la nature variée des deux roches dans lesquelles les eaux l'ont creusée. Ces roches forment deux bancs différents, dont le lit se voit parfaitement dans toute l'étendue de la caverne.

Les parois de la partie supérieure, qui forment le plafond, sont granuleuses et couvertes de petites coquilles qui composent la roche, tandis que le banc inférieur, sur lequel cette couche est assise, est d'une composition toute différente ; ses parois sont recouvertes d'une croûte de manganèse déposée probablement par les eaux à une époque postérieure et cependant fort reculée, puisque ce dépôt a été recouvert lui-même par une couche de stalactite cristallisée.

La manière bizarre dont les eaux marines ont rongé ou plutôt perforé ces roches en tout sens est fort curieuse à étudier, et ne ressemble pas au même travail dissolvant qui s'est opéré dans les deux autres cavernes de l'étage supérieur.

Dans le limon déposé par les eaux, et qui se trouve en grande quantité dans cette caverne, j'ai trouvé plusieurs ossements d'animaux, entre autres un bois de jeune cerf (fig. 18, pl. I), un fragment de bois de daim ou de renne, et un magnifique couteau en silex brun très-bien travaillé (fig. 24, pl. I).

Il y a plusieurs années, on y a trouvé des coins en bronze qui y avaient été enfouis, et des ossements qui ont été pris pour ceux d'un squelette humain.

La seconde caverne est située à mi-côte du coteau, au-dessus de la première. Elle est très-vaste et a des couloirs qui s'étendent fort loin. Elle contient, dans certains endroits, des brèches osseuses, dans lesquelles sont empâtés des silex taillés. Je donne (pl. I, fig. 14, 15, 16, 17, 21, 22, 23) les dessins de grandeur naturelle de ces silex trouvés par moi-même dans ces brèches, dont j'ai détaché quelques fragments, et dans le sol cendreux de la caverne. On y remarque aussi des fragments de poteries non vernissées et faites sur le tour, qui appartiennent à une époque bien postérieure.

Il n'y a aucun doute sur le séjour de l'homme des premiers âges en ce lieu, et si l'on fouillait avec plus de soin, on trouverait probablement d'autres témoignages à l'appui de ce que j'avance.

Une troisième caverne, située un peu au-dessus de la seconde, avec laquelle elle communique, renferme également des silex taillés (pl. I, fig. 8, 9, 10, 11, 12, 13, 19, 20, 25) et des brèches osseuses du plus grand intérêt.

Ce ne sont plus des fragments isolés que l'on y voit, mais bien des os entiers, dont la forme peut permettre de déterminer la nature ou l'espèce des animaux auxquels ils appartiennent.

Ces os, liés à la roche par une couche de stalactite, ne se trouvent situés qu'à l'extrémité d'un couloir étroit et bas, où l'on ne peut se tenir que couché. Leur gisement est fort remarquable ; on dirait qu'ils ont été placés là avec intention. Ils sont couchés horizontalement les uns près des autres, tous à la même hauteur, de chaque côté du couloir.

La forme de quelques-uns, leur longueur, leur grosseur, se rapprochent beaucoup de celles des os humains, et cependant j'avoue, malgré la possibilité de la chose, que je suis bien loin de croire qu'ils appartiennent à notre espèce. Je laisse à d'autres le soin de trancher une question aussi grave ; je me borne simplement à en signaler l'existence. Parmi ces ossements, on trouve beaucoup de dents d'animaux de l'espèce des mammifères.—Un savant paléontologiste de Paris, M. Lartet, a crû y reconnaître une dent de rhinocéros.

Dans un couloir à gauche, on remarque une espèce de

petit bassin creusé avec intention dans la roche, et destiné à un usage quelconque, par les hommes qui ont habité cette retraite. Peut-être était-ce un réservoir pour conserver l'eau.

Au pied du coteau jaillit une fontaine abondante, dont l'eau va se jeter, à quelques pas plus loin, dans le ruisseau qui passe au-dessous de la colline des Turlus, sur laquelle sont des traces de constructions dont je parlerai plus loin.

Enfin, sur le sommet de ce même coteau existait une construction carrée, dont on voit des traces bien apparentes.

Le dolmen de la Bussière n'est éloigné de ces grottes que de 300 mètres tout au plus.

M. Meillet, chimiste habile et géologue distingué, membre de la Société des antiquaires de l'Ouest, se trouvait avec moi à la Bussière lors de la découverte de ces ossements fossiles.

Voici une note sur la position géologique de ces cavernes, qu'il a eu l'obligeance de me communiquer :

« Je vous ai promis, mon cher monsieur Brouillet, de » vous donner une note sur la position géologique des ca- » vernes de la Bussière ; voici donc ce qu'il résulte de mes » observations. Les trois cavernes superposées à quelques » mètres d'intervalle paraissent avoir été creusées toutes à » la même époque, car elles communiquent toutes ensemble, » bien que d'une manière peu apparente, par des espèces » de puits ou boyaux verticaux correspondant de l'un à » l'autre. Si vous vous souvenez des observations que leur » singulier creusement m'a inspirées, vous reconnaîtrez » comme moi que ces cavernes n'ont pu être ouvertes par le » simple effort des eaux plus ou moins agitées, mais bien par » des eaux tenant en dissolution quelques acides (l'acide » carbonique, je suppose). Il est très-remarquable en effet » de voir tous les trous, à droite et à gauche, en haut et en » bas, enfin dans tous les sens et toutes les directions,

» creusés souvent en forme de poche, avec une ouverture » très-minime et un développement latéral postérieur très-» grand. On y remarque en outre des perforations verticales » de bas en haut, avec renflements et étranglements qui leur » donnent souvent la forme d'une gourde. Dans presque » tous les cas, les parois de ces étranges réduits sont héris-» sées de silex constitutifs de la roche, qui se retrouvent là » avec toute la ténuité, toute la délicatesse première qu'ils » avaient au moment de leur formation et englobement dans » le calcaire. Bien plus, de nombreuses coquilles en calcaire, » mais d'un grain plus serré et moins attaquable que la » roche elle-même, forment aussi quelquefois une légère » saillie, car elles n'ont dû céder qu'en dernier lieu à l'ac-» tion dissolvante des eaux.

» Or il est à noter que divers calcaires mis dans les acides » (l'acide hydrochlorique étendu par exemple) se perforent » dans tous les sens et nous offrent une image, incomplète il » est vrai, mais très-caractérisée, du phénomène dont il est » ici question.

» La caverne inférieure, qui se trouve à quelques mètres » au-dessus du niveau de la vallée, offre une particularité » très-remarquable : c'est la dissemblance des deux roches » qui la constituent et qui la partagent à peu près en deux. » Le calcaire inférieur est blanc, compacte, très-dur ; j'y ai » trouvé quelques coquilles, entre autres un nautile et l'am-» monite bifrons ; elle est fréquemment parsemée de taches » ferrugineuses ; c'est probablement dans le même étage que » se trouvent les minerais de fer de Verrières et de nombreux » poudingues ferrugineux. Je considère cette couche comme » appartenant à l'étage *toarcien de d'Orbigny ;* immédiate-» ment au-dessus, et sans aucune interposition, se trouve » un calcaire grisâtre qui, dans la caverne, est parsemé

» d'une multitude de débris d'entroques ou de crinoïdes
» qui forment une saillie légère; leur nature étant presque
» toujours spathique, elles ont mieux résisté que le calcaire,
» qui les a agglutinées, à l'action dissolvante des eaux. Cette
» couche et toutes les autres qui sont au-dessus ont pour
» moi tous les caractères de l'oolithe inférieure, *calcaire à*
» *entroques, étage bajocien de d'Orbigny*. Du reste, on retrouve
» ce même terrain à Charroux, à Bonnillet, à Lusignan, à
» Saint-Maixent, partout aussi nettement caractérisé qu'ici.

» Une observation assez curieuse à consigner, c'est la
» présence, sur près de la moitié de la hauteur de la caverne
» inférieure, d'une couche très-épaisse de manganèse demi-
» cristallin, qui a dû se déposer là par suite d'une irruption
» d'eaux chargées de manganèse, qui ont dû y séjourner
» pendant un assez long temps et bien postérieurement au
» creusement des cavernes. Cela est facile à expliquer par
» les grandes quantités de minerais de fer manganésiens qui
» se trouvent partout aux environs. »

Cavernes à ossements sur les bords de la Charente (Vienne).

On rencontre sur les bords de la Charente, entre Charroux et Civray, un grand nombre de cavernes dont quelques-unes, explorées par M. Brouillet père et par moi, nous ont fourni beaucoup d'ossements fossiles appartenant à des races d'animaux qui ont en partie disparu de nos contrées depuis bien longtemps.

Voici l'indication de toutes celles qui existent sur les deux rives de la Charente :

1° Celles de *la Roche*, commune de Charroux; elles sont

situées sur la rive gauche de la rivière, à plusieurs mètres au-dessus du niveau de la prairie. Elles consistent en deux couloirs parallèles ayant chacun une entrée, et se communiquant par un troisième couloir vertical. Ces deux compartiments étaient complétement remplis de limon argileux mêlé de pierres et de cailloux roulés, que le propriétaire du terrain où elles sont situées a fait extraire et répandre dans un pré. Dans ce dépôt, et principalement dans la couche inférieure, on a trouvé une assez grande quantité d'os généralement brisés et qui appartiennent aux animaux suivants : l'hyène, l'ours, le sanglier, le loup, le bœuf, le cheval, le cerf ; enfin quelques silex taillés, et des fragments de poteries attestant la présence de l'homme : les dents d'hyène dominaient de beaucoup parmi les autres ossements.

2° Celle du *Bois-de-Gorce*, près Charroux, située sur la rive droite, à 500 mètres de celles de la Roche ; peu élevée au-dessus du niveau de la prairie ; non explorée.

3° Celles du *Bois-d'Amour*, près Charroux, rive droite, à 500 mètres de la précédente et au même niveau qu'elle.

Elles consistent en deux vastes couloirs parallèles, portant l'un et l'autre des traces de travail humain. L'un d'eux communique avec le sommet du coteau par une large fissure perpendiculaire. Ces cavernes ont été habitées à différentes époques. Elles n'ont pas été fouillées.

4° Celle du *Bois-des-Caves*, près Charroux, située sur la rive gauche de la Charente, sur le penchant du coteau de Breuil et au-dessous des restes d'une construction militaire de l'époque gallo-romaine. Ses parois offrent des traces de travail humain. Elle n'a pas été explorée.

5° Celle de *la Borie*, près Charroux, rive gauche, située à mi-côte ; elle conserve quelques apparences de travail humain. Non fouillée.

6° Celles des *Cantes*, placées sur la route de Charroux à Civray, entre Chante-Grolle et Rochemeau, à quelques centaines de mètres de la rivière [illegible]e droite. Elles ont été en partie détruites et vidées par [illegible] de l'exploitation d'une carrière de pierres. Dans la plus grande, j'ai recueilli un fragment de mâchoire d'hyène et une dent d'ours; mais, tout récemment, j'ai trouvé dans la plus petite, celle qui est encore remplie jusqu'au plafond de son dépôt diluvien, et cela dans une couche d'argile rouge mélangée de nombreux cailloux roulés, située dans la partie inférieure de la grotte, sous une couche de stalagmite, une grande quantité d'os brisés en pointe, de nombreux silex taillés en forme de couteaux et de flèches, enfin des noyaux, qui prouvent qu'on a fabriqué ces objets en ce lieu. Dans la couche supérieure, dans une terre plus meuble, j'ai trouvé une dent d'ours. Ce gisement de silex taillés, dont j'ai conservé des échantillons curieux, m'a paru excessivement intéressant.

7° Celle dite la *Roche-à-Fredoc,* rive droite, située près de la précédente. Elle a été habitée pendant longtemps. Aujourd'hui elle est comblée par les remblais de la route. M. Brouillet père y a rencontré beaucoup d'ossements appartenant aux mêmes espèces que celles ci-dessus, et de nombreux silex taillés.

8° Celles de *Rochemeau,* sur les bords de la Charente, rive droite, situées au-dessous de la motte féodale du Vieux-Château; non explorées.

9° Celle de *Greffier,* rive gauche; peu profonde; non explorée.

10° Celle de *Malmort,* rive droite; non explorée.

Près de cette caverne, dans le bois des Angles et sur le coteau des Roches, on remarque des restes de monuments celtiques.

11° Celle de *Lamartinière*, rive droite; elle est également à quelques centaines de mètres de la rivière, près de la route de Charroux à Civray; son élévation au-dessus du niveau de la vallée est la même que celle des précédentes.

Cette caverne est encore remplie de son dépôt diluvien. Les fouilles que M. Brouillet père y a faites ont été très-superficielles, et cependant il y a trouvé des ossements appartenant au bœuf, au cheval, des défenses de sanglier, des dents de carnassier de grande taille, une mâchoire d'hyène, des dents de loup et de renard, et des silex taillés en grande quantité.

12° Celles des *Malpierres*, rive gauche; non explorées.

13° Celles de *la Baronnière*, rive gauche: sur les parois de l'une d'elles, dite la *Roche-à-Guérin*, on voit des apparences de travail humain. J'y ai trouvé une tuile et de la poterie romaine. Non explorées.

14° Celles du *Chaffaud*, rive droite, qui vont faire l'objet de la description suivante.

Fouilles des cavernes du Chaffaud,

Commune de Savigné, arrondissement de Civray.

Ces cavernes sont situées sur les bords de la Charente, à 6 kilomètres de Civray, sur la route qui va de cette ville à Charroux.

Leurs entrées sont au sud, sur le flanc d'un coteau des plus agrestes, dont le sommet, tapissé de lichens, est ombragé par un petit bois de haute futaie. Çà et là, parmi les buis toujours verts qui couvrent le versant de la colline, quelques roches grisâtres, au front dénudé et sillonné par les eaux, surplombent sur la vallée et donnent au paysage un aspect vraiment sauvage.

Le sol de ces cavernes peut avoir 6 ou 8 mètres d'élévation au-dessus du niveau de la prairie. L'absence de toute humidité à l'intérieur, leur étendue, leur orientation, le voisinage de la rivière et celui d'une fontaine étaient, évidemment, trop d'avantages réunis pour que les hommes qui, les premiers, vinrent s'égarer dans ces contrées désertès, ne les comprissent pas.

J'ai remarqué que les cavernes dans lesquelles on rencontre des témoignages du séjour de l'homme sont toutes situées dans des conditions hygiéniques analogues à celles-ci.

Celles du Chaffaud ont été signalées, il y a déjà près de 20 ans, par M. Brouillet père, qui le premier y trouva des silex et des os travaillés, débris curieux de l'industrie primitive des habitants des bords de la Charente. Quelques échantillons choisis de ces objets, entre autres des fragments de brèches remarquables et un os orné de dessins grossiers, doivent avoir été déposés en son nom au musée de Cluny, à Paris. La mission a-t-elle été fidèlement remplie par celui qui en avait été chargé? Je l'ignore.

Mais, depuis ce jour, les cavernes du Chaffaud sortirent de l'oubli dans lequel elles étaient restées jusqu'alors; elles furent fréquemment visitées par des antiquaires plus ou moins intrépides, plus ou moins chercheurs, dont les fouilles furent toujours très-superficielles et n'eurent pour résultat que de constater l'abondance de silex taillés que renfermait leur sol.

Elles ont été décrites pour la première fois dans mon *Indicateur archéologique de l'arrondissement de Civray*, page 212, où j'en ai dit tout ce que je savais. Mais toutes ces recherches, peu sérieuses et cependant assez fructueuses, faites par les autres et par moi-même, n'avaient fait qu'augmenter le désir que j'éprouvais de les fouiller tôt ou tard d'une manière complète.

Des travaux de décoration religieuse ayant nécessité de ma part un séjour prolongé dans la petite ville de Civray, pendant les vacances dernières, je résolus de consacrer quelques jours à cette exploration et de satisfaire enfin ma curiosité. On verra plus loin si j'ai été bien inspiré et si je dois regretter le temps que j'y ai passé.

Les fouilles du premier jour se firent en présence de deux savants : M. Lartet, professeur de paléontologie au muséum de Paris, et M. Henri Christy, de Londres, archéologue distingué et possesseur d'une des collections d'objets celtiques les plus remarquables d'Europe. Ces messieurs, que j'avais eu l'honneur de recevoir à Poitiers, m'avaient témoigné le désir de connaître les cavernes du Chaffaud, dont je leur avais montré les objets curieux trouvés par mon père et par moi.

Notre trouvaille fut assez riche en silex taillés, mais très-peu satisfaisante en os travaillés. Nous ne recueillîmes que quelques fragments de bois de renne et des os d'animaux, tels que ceux de cheval, de bœuf, de mouton, etc.

Le lendemain, ces messieurs, forcés de continuer leur voyage, m'exprimèrent à la fois et leur regret de ne pouvoir poursuivre ces recherches avec moi, et leur désir de voir ces fouilles menées à bonne fin.

Quelques jours après leur départ, je continuai donc seul ce travail ; mais je fus bientôt rejoint par notre collègue, M. Meillet, auquel j'avais parlé de mes découvertes, et avec lequel j'ai achevé depuis cette intéressante exploration. Cette fois, nous avons été grandement indemnisés de nos peines, et nous pouvons constater des faits de la plus haute importance pour l'histoire locale des premières migrations qui sont venues errer sur les bords de nos fleuves.

Il résulte aujourd'hui de faits que je crois incontestables, que ces cavernes ont été habitées avant et après le déluge, et que, pendant des siècles peut-être, elles ont servi d'ateliers de fabrication d'armes ou d'outils en silex et en os.

Parmi ces nombreux débris, souvenirs de tout un passé, de toute une histoire inconnue, nous avons trouvé des objets d'un immense intérêt, car ils peuvent jeter une nouvelle lumière dans les ténèbres profondes qui enveloppent le passé.

Ces objets, ramassés avec des ossements d'animaux antédiluviens, et dont, pour quelques-uns, les espèces n'existent plus, sont des fragments d'os sur lesquels des inscriptions ont été gravées avec la pointe d'un silex. Ces lettres, ces mots, parfaitement écrits, parfaitement lisibles, qui pourra les épeler, les traduire et déchirer enfin le voile épais qui couvre ce vieux monde anté-historique? Pour moi, je confesse mon incompétence complète; mais espérons que les savants *linguistes* nous donneront bientôt le mot de cette énigme, et que nous saurons enfin de quelles contrées lointaines sont venus ces premiers habitants du Poitou.

Les cavernes du Chaffaud, dans lesquelles j'ai rencontré des silex taillés, sont au nombre de trois, et distantes les unes des autres de quelques centaines de mètres.

L'une, A (pl. VIII, fig. 1), est plus vaste et plus intéressante que les autres; c'est elle qui nous a fourni la majeure partie des objets que je vais décrire plus loin.

Elle a trois entrées, dont deux principales, B et C, sont au sud, et une D, à l'ouest.

A droite de l'entrée B, au point J, existe au plafond de la grotte un trou circulaire large d'un mètre, qui peut avoir été ébauché par la nature, mais dont les parois semblent attester un travail humain. Cette ouverture, qui communique immédiatement avec le plateau de la colline, laquelle est à pic en cet endroit, peut être considérée comme une quatrième issue, qui n'était probablement pas sans but et sans utilité.

Cette caverne a 22 mètres de profondeur, 17 mètres de large à son entrée, et 6 mètres vers le milieu. La hauteur du plafond peut être de 4 mètres vers l'entrée, de 3 mètres vers le milieu, et d'un mètre 50 centimètres vers le fond.

On remarque, dans l'intérieur, plusieurs blocs de rochers F, G, H, I, disposés irrégulièrement, ainsi que l'indique le plan, fig. 1, mais qui n'ont point été placés là sans motif. Quelques-uns semblent avoir reçu une certaine façon sans l'aide d'instrument en métal.

Celui F peut avoir 2 mètres 50 centimètres de long du nord au sud, un mètre de haut et un mètre 30 centimètres de large ; il repose d'un côté sur un bloc K, posé à plat, qui lui donne une inclinaison très-sensible de l'est à l'ouest. On remarque sur la surface de ce bloc une petite rigole L, peu profonde, creusée de l'est à l'ouest, et qui a été faite de main d'homme, sans instrument de métal (1). Les extrémités de ce bloc sont mal taillées, ou plutôt mal arrondies; celle nord a certaines aspérités de sa paroi très-polies et luisantes comme du marbre, ce qui n'a pu se faire que par le frottement continuel d'un corps flexible, comme le passage d'une personne, par exemple, le long de cette pierre, laquelle est d'une nature compacte et très-dure. Cette particularité ne s'observe pas à l'extrémité opposée, qui a conservé toute la rugosité de ses cassures. Ceci tient probablement à ce que le sol du couloir M étant de beaucoup en contre-bas de ces blocs, il était

(1) Je sais que quelques antiquaires ne voudront voir dans ce travail qu'une chose insignifiante, due peut-être à un commencement d'exploitation du bloc. Quelle que soit leur opinion, je crois qu'il est assez curieux de retrouver ici cette rigole que j'ai signalée comme existant sur les tables de plusieurs dolmens que j'ai visités et décrits dans mes notes suivantes.

En effet, il serait possible que le travail qui se reconnaît sur ces blocs de la caverne du Chaffaud fût contemporain de celui de ces dolmens. Je reviendrai à cela plus loin.

difficile de passer de ce côté pour arriver sur le bloc K. J'insiste sur cette observation, parce qu'elle me paraît très-importante à constater. Elle explique clairement que la position de ce bloc est intentionnelle, qu'il a dû servir peut-être comme autel (1), peut-être comme table, pour dépecer les animaux dont les habitants de cette grotte se nourrissaient, enfin qu'il est là depuis des siècles.

Je ferai remarquer encore que ce poli, dû à un long frottement, s'observe également sur les parties saillantes des parois de l'entrée C, particulièrement aux points N et O ; ce poli est recouvert de mousse dans certains endroits exposés à l'air extérieur, ce qui fait supposer encore que les raisons qui l'ont produit n'existent plus depuis bien longtemps. En effet, les habitants de ces cavernes, pour se garantir des attaques des bêtes féroces qui peuplaient alors les forêts de la Gaule, et même des surprises de leurs semblables, avaient dû élever des barrières aux entrées D et M, et conserver pour leur usage celle C, plus facile à clore et à défendre que les autres. Je n'ai remarqué ce poli nulle part ailleurs dans la grotte.

Près de ce bloc E, il en est un autre G, moins volumineux, qui accuse aussi lui un travail humain. Il est mal arrondi et peut avoir un mètre 50 centimètres de diamètre sur 25 à 30 centimètres d'épaisseur. Au milieu se trouve une cavité en forme d'entonnoir. J'ai examiné attentivement le travail de cette pierre; il n'a jamais été fait avec un instrument de métal, et il est exactement du même genre que celui du bloc E.

Quant aux autres fragments de roche que l'on remarque

(1) Les premiers temples ont été des cavernes. *Voir* le savant travail de M. Desnoyers, à l'article grotte, dans le *Dictionnaire universel d'histoire naturelle*, par une société de savants, sous la direction de M. d'Orbigny, t. VI, page

dans la caverne, ils n'offrent aucunes particularités remarquables, bien qu'ils aient pu servir soit à travailler leurs os, soit encore à former une seconde barrière dans l'intérieur de la caverne. Maintenant, comment se trouvent-ils là? proviennent-ils de la roche même? ou sont-ce des blocs entraînés par les eaux? J'avoue que je préfère la première supposition à la dernière.

Une autre question qui n'est pas moins difficile à résoudre pour moi qui n'ai pas la prétention d'être géologue, est celle qui concerne le curieux dépôt que contient cette caverne. Aussi, à défaut de la science qui me manque, je vais employer la plus grande exactitude dans la description du terrain que j'ai fouillé.

Ce remplissage, que j'ai étudié avec soin, est ainsi composé : la couche superficielle du sol actuel, jusqu'à un mètre de profondeur à peu près, est formée d'une terre excessivement meuble, analogue à la cendre, et qui paraît avoir été fréquemment remuée. Dans cette couche, on trouve beaucoup de silex taillés primitifs, des haches polies d'une époque postérieure aux silex taillés, des débris de poteries dites celtiques, gauloises ou gallo-romaines, voire même des monnaies du moyen âge, témoin une pièce de Louis XII.

Au-dessous de cette couche superficielle, on rencontre le terrain diluvien bien caractérisé. Il repose sur l'oolithe, qui est le sol naturel de la caverne.

Il est composé de sable rouge argileux, de limon, de détritus de la roche, de graviers et de quelques cailloux roulés de quartz.

Au milieu de ce mélange, j'ai trouvé un casse-tête et une hache non polis, dans le genre de ceux de Saint-Acheul, des milliers de silex taillés semblables à ceux de la couche supérieure, des ossements d'animaux dont quelques espèces n'existent plus chez nous (1); parmi ces débris étaient des dents de bœuf ou d'aurochs, de cheval, d'âne, d'hyène, d'ours, de loup, de chien, de renard, de lièvre, de lapin, et celles d'une infinité de rongeurs de petite taille, que je ne puis déterminer; des bois de renne, de cerf, de chevreuil, tous cassés et portant généralement des traces de la main de l'homme; enfin une grande quantité d'os travaillés en forme de poinçons, d'autres brisés particulièrement en pointe avec intention, pour servir de flèches ou de lances; sur presque tous on voit des stries faites avec une lame de silex, et que personne ne peut nier. Sur quelques-uns de ces os, nous avons remarqué des caractères bien tracés et des dessins grossiers représentant des dents de scie et des figures humaines. Enfin c'est dans cette dernière couche, au milieu de ces fragments, que nous avons trouvé une mâchoire humaine entière, que M. Meillet et moi nous avons partagée. Elle était sous la pierre V (pl. VIII, fig. 1), dans un mélange de terre noirâtre et de morceaux de stalactites, avec de nombreux poinçons et des silex taillés noircis par des dépôts de manganèse.

Presque tous ces os à inscriptions ou à dessins, les bois de renne et de cerf, les poinçons et outils, ont été trouvés dans le voisinage de cette pierre et dans la petite caverne E, sous une couche de stalagmite que je crois vierge de toute fouille, de tout remuement antérieurs aux nôtres. Dans d'autres parties de la grotte, ce terrain change de nature; il présente à sa surface une couche de terre meuble, puis des pierrailles calcaires liées ensemble par un revêtement stalagmitique. Au-dessous sont des pierres ou graviers très-meubles mélangés d'os brisés, de poinçons, de silex taillés,

(1) Il y a beaucoup de ces ossements qui n'ont point été déterminés et qui peuvent appartenir à des espèces que je ne mentionne pas ici.

identiques à ceux que l'on trouve dans le sable argileux qui recouvre immédiatement la roche et forme une dernière couche inférieure, qui est générale dans toute la grotte.

Ces particularités annoncent bien certainement que, dans quelques parties de la grotte, ce dépôt a été remanié à une époque postérieure.

L'étude du terrain et des objets que renferme cette caverne nous révèle, selon moi, deux âges distincts que je propose d'établir ainsi :

1° A une époque antérieure au deuxième déluge européen, dont les géologues reconnaissent aujourd'hui les effets, et qu'ils attribuent au soulèvement de certaines chaînes de montagnes, celles des Alpes, par exemple (1), cette caverne était la tanière d'animaux carnassiers, tels que les hyènes, qui s'y retiraient pour dévorer leurs proies, dont les restes se trouvent mêlés aujourd'hui avec leurs propres ossements. L'homme qui apparut pour la première fois dans ces contrées vint à son tour leur disputer la possession de ce refuge pour s'abriter contre les rigueurs des saisons, les attaques des bêtes féroces, ou y exercer son industrie barbare ; enfin, après un temps plus ou moins long, cet état de choses aurait été brusquement interrompu par l'irruption dans la grotte d'une masse d'eau bourbeuse, qui aurait tout enveloppé dans le limon qu'elle charriait.

2° Longtemps après ce cataclysme, qui dut occasionner des désastres affreux, une nouvelle migration étant venue peupler ces contrées, des hommes se seraient retirés dans cet antre, après en avoir vidé une partie pour la rendre plus habitable.

Les haches polies qui ont été trouvées dans la couche supé-

(1) *La Terre avant le déluge*, par Figuier, page 376.

rieure du sol de deux de ces cavernes appartiennent évidemment à cette deuxième époque, pendant laquelle, selon moi, ont été élevés les monuments dits celtiques, dans lesquels on retrouve des armes en os et des haches polies.

D'un autre côté, ce qui vient prouver que le remplissage de la caverne a dû être violent, ininterrompu, et non le résultat d'alluvions successives, enfin que plus tard cette caverne a bien été vidée en partie pour la rendre habitable, c'est que, notamment au plafond de la petite grotte P, et dans d'autres endroits du plafond principal, à plusieurs mètres de hauteur au-dessus du niveau du sol actuel, on remarque des silex taillés, des os travaillés, empâtés dans des brèches, semblables à ceux qui se trouvent dans la couche inférieure, lesquels n'avaient jamais été remués depuis que les eaux les y avaient recouverts de limon.

Comment, aujourd'hui, expliquer autrement que par un bouleversement de la caverne, le collage de ces silex à plusieurs mètres au-dessus du niveau du sol?

Avant d'aller plus loin, il est nécessaire que je dise ici quelques mots de deux autres grottes que nous avons également fouillées, et qui sont situées l'une et l'autre à l'est de la précédente, la première à 200 mètres, et la seconde à peu près à 400 mètres.

Deuxième Caverne du Chaffaud.

L'intérieur se compose d'un couloir coudé à angle droit, à chaque extrémité duquel est une ouverture ; l'une, Y, est située à l'ouest, et l'autre, Z, au sud. Le niveau du sol au-dessus de la prairie est à peu près le même que celui de la première grotte. La longueur totale du couloir peut être de 12 à 15 mètres, sur une largeur de 4 mètres ; le plafond est beaucoup plus bas que celui de la précédente, et il dépasse à peine 2 mètres dans les parties les plus élevées.

Son remplissage appartient, comme l'autre, à un terrain de transport ancien bien caractérisé. Il se compose de sable rouge argileux mêlé de débris fragmentaires de la roche et de quelques cailloux roulés.

A quelques centimètres de profondeur du sol, presque à la superficie, nous avons trouvé une petite hache polie percée d'un trou à sa partie étroite, un grattoir emmanché dans un cornillon de bois de cerf, des silex taillés et des fragments de poteries dites celtiques.

A plus d'un mètre de profondeur, vers l'entrée V, au point X, groupés à peu près en rond autour d'une espèce de foyer formé par des pierres brutes, au milieu desquelles était du charbon, j'ai trouvé une certaine quantité de jolis couteaux en silex, tous intacts, et dont le plus grand a 15 centimètres de long; nous avons aussi rencontré quelques os brisés intentionnellement pour servir d'armes, mais en plus petit nombre que dans l'autre grotte. Les ossements déterminables et les poinçons ou aiguilles travaillés nous y ont paru fort rares.

Ce sol m'a semblé avoir été complétement remanié.

Troisième Caverne du Chaffaud.

La troisième caverne, dans laquelle j'ai trouvé seulement des silex taillés, est également à 200 mètres à l'est de la seconde, sur le versant du même coteau.

C'est une charmante grotte, creusée à souhait pour en faire l'habitation d'un ermite ou d'une fée. Elle n'a qu'une ouverture située au sud, et paraît avoir été habitée pendant longtemps, même à une époque encore très-récente.

Le terrain qui la remplissait a été jeté en dehors pour donner plus d'élévation au plafond ; c'est pourquoi on y trouve peu de chose aujourd'hui.

Avant de décrire les objets les plus remarquables qui composent notre précieuse et curieuse collection, il est bon de faire quelques remarques relativement à leur exécution.

Ainsi, comme je l'ai dit plus haut, non-seulement ces cavernes ont servi d'habitation, mais encore d'ateliers de fabrication d'armes et d'outils en silex et en os. C'est du moins ce que l'on est obligé de conclure à la vue des milliers d'objets si différents et si curieux qu'on y trouve réunis.

Tous les silex taillés ne sont pas des pièces réussies, tant s'en faut. On en trouve une grande quantité d'inachevés ou de brisés mêlés à beaucoup d'éclats naturels résultant de l'ébauche ou de la préparation du noyau sur lequel on enlevait les couteaux, les flèches et les grattoirs, qui sont à peu près les trois variétés d'objets en pierre qu'on y façonnait. Il est vrai que chacune de ces espèces se subdivise en plusieurs catégories de différentes grandeurs, ainsi qu'on peut le voir par les dessins des planches. Les haches seules semblent avoir été exclues de la fabrication.

On trouve beaucoup de ces noyaux jetés au rebut lorsqu'ils étaient épuisés ou qu'on ne pouvait plus rien en tirer. Nous avons remarqué aussi qu'une partie des cailloux roulés, que l'on trouve en très-petite quantité du reste, sont en quartz et affectent tous une forme plus ou moins allongée et pointue, ce qui fait supposer qu'ils n'ont point été transportés là par les eaux, mais bien de main d'homme, et qu'ils ont été le résultat d'un choix particulier pour servir de marteaux à ceux qui taillaient des silex. Quelques-uns de ces galets paraissent avoir servi bien certainement à cet usage.

En étudiant attentivement l'exécution de ces silex, on est

vraiment étonné de l'adresse avec laquelle ces sauvages surmontaient les difficultés d'un travail aussi minutieux et qui demandait une grande pratique. L'opération devait être longue : d'abord le choix du silex, puis la préparation du noyau par pans coupés, formant des angles saillants nombreux, de façon que l'ouvrier, tenant son noyau de la main gauche et un marteau en caillou de la main droite, appliquait un coup sec sur le sommet de l'arête et détachait, dans toute la longueur du noyau, une lame acérée, à deux tranchants, généralement triangulaire, dont une face droite était presque toujours concave.

La lame ainsi obtenue, on la terminait ensuite, si besoin était, par des retouches plus minutieuses, jusqu'à parfait achèvement.

J'ai plusieurs couteaux qui sont remarquables par la netteté de leur taille, et dont les trois côtés sont exempts de toute retouche.

L'énorme quantité de grattoirs que l'on fabriquait prouve que cet instrument était d'un emploi constant, soit pour creuser le bois en le râclant et non en le coupant, soit pour préparer les peaux de bêtes dont on se couvrait, ou dont on faisait des lanières et des courroies. Nous en avons trouvé plusieurs emmanchés dans des gaînes en bois de cerf.

Comme ces hommes ne devaient vivre que des produits de leur chasse, de leur pêche et des animaux domestiques, il leur fallait une très-grande provision de flèches ou d'armes de jet, et cet approvisionnement devait sans cesse se renouveler, car il est supposable que beaucoup de ces projectiles étaient perdus après avoir été lancés une fois. De là, probablement, non-seulement ces innombrables flèches en silex de toutes dimensions, mais encore ces non moins innombrables parcelles d'os brisées en pointe et évidemment destinées à servir d'armes ; et ce qui le prouve, c'est que j'ai plusieurs de ces fragments cassés qui ont reçu un commencement de travail.

J'insiste sur cette particularité, parce que j'ai trouvé des os identiques à ceux du Chaffaud dans les gisements d'os fossiles de Verrières, de Lhommaizé et dans les cavernes de la Bussière, enfin dans celles de Lussac-les-Châteaux, dont je parlerai plus loin.

Quelques-uns de ces os de la plus grande dimension, fixés à l'extrémité de hampes ou de bâtons, et fortement liés avec des lanières de cuir, pouvaient, maniés par des bras vigoureux, devenir des armes redoutables.

Presque tous ces os, à part les vermiculations qui se reconnaissent aisément, portent des traces d'un grattage intentionnel et des stries plus ou moins creuses faites par un silex.

Aucun bois de renne, de cerf ou de cheval n'a été trouvé entier; tous ont été brisés autrefois soit intentionnellement, soit accidentellement, et portent dans un endroit ou dans un autre les marques évidentes d'un travail pénible pour les débiter. Quelques-uns ont de profondes entailles faites avec une scie pour en détacher des poinçons ou des aiguilles, des flèches ou des poignards. Malheureusement la reproduction par le dessin de la plupart de ces fragments deviendrait insignifiante et ne rendrait pas l'intérêt qu'on y trouve en les examinant.

Quand on les a étudiés avec soin, on est convaincu que ces hommes n'avaient à leur disposition aucun outil, aucun instrument en métal pour couper et travailler ces os. Tout se faisait au moyen de scies et de grattoirs en silex. Leurs couteaux de pierre ne pouvaient servir que pour dépecer leurs bêtes et en couper la chair, ou enfin comme armes.

Cependant j'ai un fragment de bois de cerf dont un andouiller a été coupé à moitié, tout autour, avec une lame peu coupante; sur un autre, on pourrait croire qu'il a été frappé des coups de hache en pierre, car l'une des entailles, peu profonde, semble n'avoir été produite que par cet instrument. Les coupures, en général, sont striées comme si le tranchant qui les a faites était dentelé et inégal.

Parmi les poinçons en os, on rencontre plus particulièrement deux formes : les uns ont une extrémité pointue comme une aiguille, et on remarque sur un côté une espèce de gouttière ou rainure creusée dans toute leur longueur, tandis que l'autre face est arrondie.

Étaient-ce des aiguilles qui leur servaient à coudre les peaux dont ils se couvraient? étaient-ce des instruments qui leur servaient à tisser des étoffes ou à faire des filets de pêche? Je l'ignore. Beaucoup de ces os plus petits, arrondis et pointus à une extrémité, étaient évidemment destinés à servir de flèches.

Beaucoup d'autres encore ont un bout terminé en forme de coin ou de spatule, et ont, sur cette extrémité, des stries ou rayures bien intentionnelles faites je ne sais pourquoi. Je suppose que ces instruments devaient leur servir particulièrement à détacher la peau des animaux qu'ils tuaient.

Maintenant je vais donner la description fidèle des objets principaux que M. Meillet et moi nous possédons. Les planches les représentent tous de grandeur naturelle; on peut ainsi apprécier de suite leurs dimensions.

Planches X et X bis. — Armes et instruments en silex.

N° 1. Casse-tête en silex blond non poli, décomposé à la surface, et dont les arêtes sont mousses par suite de frottement. Il a été trouvé dans la première caverne, sous la stalagmite de la couche inférieure, avec des os travaillés. On dirait que cette pierre a été roulée par les eaux. Sa forme et son travail lui donnent beaucoup de ressemblance avec les haches diluviennes trouvées et décrites par M. Boucher de Perthes dans ses *Antiquités celtiques et anté-diluviennes*, page 372, n° 26, année 1849. Ce casse-tête doit être des plus primitifs.

N° 2. Hache en silex cacholong, non polie, et que je ne crois pas avoir été destinée à être plus achevée. Cette hache ressemble également à celles trouvées à Saint-Acheul. Elle provient de la couche inférieure de la première caverne.

N° 3. Hache en ophite jadien, polie, sans apparence de plans ni d'arêtes, bien conservée, trouvée dans la couche supérieure de la première caverne, presque à fleur du sol. Cette hache a son tranchant intact et l'extrémité opposée dépolie, comme si elle avait été emmanchée. Sa forme et son travail me la font considérer comme étant de l'époque celtique la plus moderne.

N° 4. Hache en silex jaune, d'une pâte grasse et cireuse, trouvée dans la couche supérieure de la première caverne. Sa forme et le travail dont elle a été l'objet diffèrent beaucoup de ceux de la précédente. On remarque sur les deux faces un poli par plans obtenu par un frottement puissant et horizontal, comme celui, par exemple, d'une meule de grès tournant avec force comme une meule de moulin. Le tranchant a été ébréché d'un côté. Cette hache a une grande analogie avec celle trouvée dans la tombelle de Brioux ; la nature du silex, la forme et le travail sont identiquement les mêmes.

Je la crois plus ancienne que la précédente.

N° 5. Fragment d'une hache en ophite, polie, ou d'un

marteau de l'époque celtique, provenant de la couche supérieure de la première caverne.

N° 6. Petite hache celtique en amphibolite décomposée à la surface, trouvée dans la couche supérieure de la première caverne.

N° 7. Petite hachette en jade, parfaitement conservée et percée d'un trou pour la suspendre comme amulette. Ce petit bijou celtique a été trouvé dans la couche supérieure de la deuxième caverne.

N° 7 *bis*. Autre petite hachette en cristal de roche, parfaitement taillée et percée d'un trou pour la suspendre, trouvée dans la couche supérieure de la première caverne.

N° 8. Hache en jade, parfaitement polie, sans plans apparents ni frottement aigu. Elle provient de la couche supérieure de la première caverne, et elle doit être de l'époque celtique.

N° 9. Fragment d'une hache longue en ophite, très-poli, et trouvé dans la couche supérieure de la première caverne.

N° 10. Pointe de javelot ou de lance en silex blond : ce morceau est un des objets les plus remarquables de ma collection, par l'habileté avec laquelle il a été réussi ; il est à trois faces sans retouches. Il vient de la couche inférieure de la première caverne.

N° 11. Autre pointe de lance ou de javelot, en silex brun, parfaitement travaillée, trouvée dans la couche inférieure de la première caverne.

N° 12. Large éclat de silex brun très-mince, détaché d'un seul coup, ainsi que l'indique la face dessinée, mais dont l'autre côté a été l'objet d'un travail long et minutieux, pour lui donner partout une égale épaisseur. Ce morceau de silex, fixé à un manche, pouvait au besoin faire une magnifique cuiller ou encore servir de scie. Il vient de la couche inférieure de la première caverne.

N° 13. Silex brun pointu et tranchant aux deux extrémités. Couche inférieure de la première caverne.

N° 14. Ciseau en silex brun, parfaitement réussi, tranchant à un bout et pointu à l'autre pour être emmanché. Couche inférieure de la première caverne.

Nos 15, 16, 17, 18, 19. Pointes de flèches en silex blond, bien travaillées et très-tranchantes. Couche inférieure de la première caverne.

N° 20. Petite flèche en silex jaune, d'un travail minutieux et remarquable, trouvée dans la couche supérieure de la première caverne avec les haches polies.

N° 21. Rouelle en........ percée au milieu; trouvée dans la couche inférieure de la première caverne. Je pense que cet objet faisait partie d'un collier, ou se portait comme amulette; peut-être encore était-ce une monnaie.

N° 22. Petit pot en terre grossière mélangée de cailloux blancs, fait sur un moule ou noyau dont les inégalités se reproduisent à l'intérieur du vase. On voit dans le fond l'empreinte des ongles de celui qui l'a fait. La terre paraît avoir été noircie par le feu. Il vient de la couche inférieure de la première caverne.

Presque tous les fragments de poteries trouvés dans ces cavernes sont de la fabrication la plus grossière et la plus maladroite.

Cependant il en est qui sont de beaucoup postérieures à celles-ci, et qui doivent être de l'époque gallo-romaine et même du moyen âge; il est du reste très-facile de les distinguer des poteries dites celtiques, dont la pâte et la façon prouvent de suite leur origine.

Planches XI et XI bis.

Les dessins de cette planche représentent une série de couteaux en silex plus ou moins remarquables. Les dix premiers ont été trouvés dans la deuxième caverne, près de l'entrée Y, à l'endroit désigné par la lettre X; ils étaient placés en rond autour d'une espèce de foyer construit en pierres brutes, et dans lequel on a trouvé des cendres et du charbon. Les autres proviennent en partie de la première caverne, et ont été généralement trouvés dans la couche inférieure avec les ossements. Tous sont exécutés avec une très-grande habileté.

Planches XII et XII bis.

Ces planches représentent une série de grattoirs de formes et de dimensions différentes, destinés presque tous à être mis dans une gaîne, pour s'en servir plus commodément. Les extrémités sont plus ou moins arrondies, selon l'usage auquel ils étaient destinés.

Le n° 38, vu de profil et de face, a un manche naturel formé par la cassure du silex.

Les n°s 39, 40, 41, 42, 43, 49, 50 et 51 représentent des espèces d'aiguilles ou de flèches qu'on rencontre assez fréquemment ; il y en a qui sont d'une finesse et d'une délicatesse extrêmes. Ces pointes fragiles ne pouvaient servir qu'à des choses fort délicates. Elles proviennent en partie de la couche inférieure de la première caverne, ainsi que les spécimens de scie en silex n°s 47 et 48.

Planches XIII.

Les objets représentés sur cette planche sont encore presque tous des grattoirs complets ou des instruments. Les n°s 1 et 8 sont des couteaux. Tous proviennent de la couche inférieure de la première caverne.

Planches XIV, XV et XV bis.

Après les grattoirs, viennent des séries de flèches très-remarquables. La planche XIV en donne 27 échantillons choisis. Elles sont très-acérées, et bien que la pointe de quelques-unes paraisse arrondie, elle n'en est pas moins tranchante et devait parfaitement entamer la peau d'un animal sauvage.

Les silex dont elles sont faites sont exactement les mêmes que ceux des grattoirs et des couteaux.

Les flèches représentées sur la planche XV sont plus allongées que les précédentes. Les n°s 34 et 60 ont été travaillées avec beaucoup plus de soin que les autres, qui sont telles qu'elles ont été obtenues d'un premier coup de marteau.

Ces deux flèches ont été trouvées dans la couche supérieure de la première caverne avec les haches polies, tandis que les autres proviennent généralement de la couche du fond.

Le n° 59 représente une flèche dentelée ou une petite scie.

Les n°s 61 et 63 sont deux noyaux de silex sur lesquels on a enlevé des couteaux ou des flèches, et dont le clivage est très-apparent et fort compréhensible. Je les donne comme échantillons.

Les n°s 62 et 64 sont deux cailloux de quartz roulés qui doivent certainement avoir servi de marteaux.

On en trouve dans l'une et l'autre caverne de beaucoup plus gros, mais qui ont été brisés par moitié.

Planches XVI et XVI bis.

Ces planches donnent des spécimens d'os que je crois avoir été brisés intentionnellement pour faire des pointes de flèches ou de lances. Il est impossible que ces cassures ne soient pas faites dans le but d'utiliser ces éclats. Les os ne se cassent pas ainsi naturellement, et en examinant attentivement ces fragments les uns après les autres, ils pouvaient tous, tels qu'ils sont encore, placés à l'extrémité d'une lance ou d'un javelot, composer des armes vraiment redoutables, car leur texture très-dure, très-compacte, pouvait offrir une certaine résistance.

Ces hommes avaient deux raisons pour les briser ainsi : la première était probablement pour en extraire la moelle, dont on suppose qu'ils étaient très-friands, et la seconde pour en faire des armes ou des monuments sur lesquels ils inscrivaient des faits ou des dates d'une haute importance, dont ils voulaient conserver le souvenir. Enfin, l'ornementation grossière dont quelques-uns ont été l'objet prouve certainement l'importance qu'ils y attachaient.

Ces os ont été trouvés en grande quantité dans la couche inférieure de la première caverne, près des blocs de pierre F, G, H, V.

Si je n'avais pas déjà un nombre considérable de planches, je donnerais d'autres dessins de ces fragments, et je suis convaincu qu'après un examen sérieux, les plus incrédules partageraient ma conviction.

Ces os se rencontrent généralement dans toutes les cavernes où l'on trouve des silex taillés.

Planches XVII et XVII bis.

Ces planches ne contiennent que des dessins d'os travaillés qui méritent d'être passés en revue avec soin, et qui ont été tous trouvés dans la couche inférieure de la première caverne, et particulièrement près de l'entrée de la petite grotte E, entre les blocs G et H.

N° 1. Os détaché d'un bois de cerf ou de renne, vu de face et de profil, conservant sur les deux côtés les stries faites par le sciage ; une des extrémités se termine en forme de ciseau plat.

N° 2. Poinçon ou aiguille en os de cerf, vu des deux côtés ; sur l'une des faces existent une gouttière ou rainure indiquée par le dessin.

N° 3. Fragment d'un ciseau plat en os de cerf ou de renne, vu de face et de profil, ayant sur toutes ses faces des raies obliques peu profondes.

N° 4. Autre fragment de poinçon en bois de renne, vu de face et de profil, portant trois entailles faites avec un silex.

N° 5. Cornillon de bois de cerf servant de poinçon.

N° 6. Fragment de poinçon ou de ciseau rond en bois de cerf, avec une extrémité aplatie et striée.

N° 7. Autre fragment d'os portant des entailles et des coupures à une extrémité.

N° 8. Morceau de côte d'animal coupée et râclée sur ses faces.

N° 9. Instrument quelconque brisé et provenant d'un bois de cerf, râclé sur tous les côtés et coupé à une extrémité.

N°s 10 et 11. Fragments d'aiguilles et de poinçons très-acérés.

N° 12. Autre fragment de poinçon coupé en bec de flûte et strié. Bois de cerf ou de renne.

N° 13. Morceau d'une côte très-polie et ornée de deux filets et de points faits en creux.

N° 14. Os de cheval de petite taille servant de poinçon. J'en ai trouvé plusieurs qui portent des traces de grattage.

N° 15. Morceau d'os de cerf en forme de ciseau rond, orné de dents de scie faites au trait.

N° 16. Autre fragment d'os arrondi, avec une rainure d'un côté.

N° 17. Extrémité de ciseau en os, vu de face et de profil, avec rayures bien marquées.

N° 18. Flèche ou poinçon en os bien travaillé, vu de face et de profil.

N° 19. Petit os coupé en bec de flûte et ressemblant à une spatule, vu de face et de profil.

N° 20. Fragment de poinçon.

N°s 21 et 22. Extrémités de petits ciseaux plats, avec stries ou rayures intentionnelles, vus de face et de profil.

N° 23. Extrémité de spatule faite avec une côte plate d'animal, vue de face et de côté.

N° 24. Autre petite spatule faite avec une côte ronde d'animal, vue de face et de côté.

N°s 25 et 26. Poinçons en os de cerf ou de renne.

N° 27. Morceau d'os très-mince, destiné probablement à faire une flèche et orné de petites raies sur les bords.

N° 28. Autre fragment de côte d'animal, avec rayures symétriques.

N° 29. Extrémité de ciseau avec stries.

N°s 30, 31, 32 et 33. Morceaux d'os brisés, à texture serrée et très-dure, façonnés péniblement pour en faire des pointes de flèches.

N°s 34 et 35. Fragments de poinçons ou d'aiguilles avec rainure dans le milieu ; l'un d'eux a une extrémité striée. L'un et l'autre ont été pris dans un bois de cerf ou de renne.

N°s 36, 37 et 38. Autres fragments d'os brisés très-durs, coupés pour en faire des flèches. Le n° 38 est très-curieux, parce qu'il a conservé les arêtes résultant d'une cassure intentionnelle, et que l'extrémité seule a été râclée avec soin pour la rendre pointue.

N° 39. Extrémité d'un petit ciseau coupé en bec de flûte et strié.

N°s 40 et 41. Autres fragments de poinçons avec stries. Le n° 40 est vu de face et de profil.

N°s 42, 43, 44. Fragments d'os naturels ou de petits cornillons de bois de cerf ou de chevreuil, dont un, le n° 42, porte des traces de travail.

N°s 45 et 46. Morceaux de côtes plates coupées et arrondies à une extrémité, en forme de spatule.

N°s 47, 48 et 49. Fragments grattés et striés, mais insignifiants.

Planches XVIII et XVIII bis.

Tous les os dessinés sur ces planches ont été trouvés avec ceux des planches précédentes. Ils sont généralement plus complets et plus intéressants que ces derniers.

N° 1. Fragment de petit poinçon, avec extrémité en bec de flûte et gouttière sur une face ; provenant d'un bois de cerf ou de renne.

N° 2. Autre petit poinçon ou ciseau complet, vu de face et de profil. Sur une face on remarque une raie dans toute la longueur, coupée vers le milieu par trois autres plus petites.

N° 3. Même instrument que le précédent, vu sur les deux

faces et de côté. Sur l'une de ces faces on voit une espèce d'instrument reproduit souvent sur d'autres os et ressemblant à une aiguille ou passe-galon moderne. Ce dessin est fait en creux avec une pointe de silex. Peut-être encore est-ce une lance ou une flèche qu'on a eu l'intention de représenter. Sur les côtés on voit les marques faites par la scie qui l'a détaché d'un bois de renne ou de cerf.

N° 4. Poinçon ou aiguille avec gouttière, vu de trois côtés, travaillé avec beaucoup de soin.

N° 5. Instrument destiné à un usage quelconque, en forme de flèche, dessiné de trois côtés ; c'est le seul de cette forme que nous ayons trouvé. Il a été pris dans un bois de cerf ou de renne. Je suppose que c'était un instrument de pêche. La pointe est ornée de raies sur toutes les faces.

N° 6. Os de cheval servant de poinçon.

N° 7. Petit cornillon de cerf ou de chevreuil, travaillé avec soin à une extrémité pour en faire un instrument.

N° 8. Autre cornillon aplati, portant à son extrémité les traces bien apparentes du sciage opéré pour le détacher de son bois.

N° 9. Autre fragment de cornillon, portant également une rainure faite par une scie.

N° 10. Morceau d'os arrondi, vu de face et de profil ; sur un côté on voit un losange fait en creux avec deux petites raies au milieu. Est-ce un ornement ou un signe hiéroglyphique quelconque ?

N° 11. Andouiller de cerf servant de poignard ou de poinçon, curieux par son ornementation, qui se compose de deux petits trous ronds, souvent répétés sur ces os, puis de dents de scie ou zigzags coupés par un filet qui les sépare d'une figure humaine assez semblable à celles que les gamins qui n'ont aucune notion de dessin charbonnent sur les murs.

Je crois qu'il est impossible de ne pas reconnaître l'intention d'une bouche et de deux yeux encadrés de barbe et de cheveux hérissés. L'extrémité porte, elle aussi, le témoignage du sciage pénible repris plusieurs fois des deux côtés, qui a été fait pour détacher cet andouiller du bois de cerf. Il est représenté de face et de profil.

N° 12. Poinçon ou ciseau plat complet, pris dans un bois de renne ou de cerf, vu de face et de profil; sur l'une des faces on a représenté au trait une espèce d'instrument en forme de lance ou d'aiguille, coupé par trois petites raies horizontales. J'ai vainement cherché à deviner l'usage auquel pouvait servir cet instrument, qui se trouve si fréquemment et de toutes les dimensions ; mais je ne vois rien, si ce n'est qu'il servait peut-être à détacher la peau des animaux qu'on dépeçait.

N° 13. Même instrument complet, moins long et moins large que le précédent, orné de deux rainures faites en X et de deux petits trous, à l'une de ses extrémités. Il est dessiné de face et de profil.

N° 14. Autre instrument complet analogue au précédent. Il est vu de face et de profil. Sur le côté on voit les stries de la scie, et sur l'une des faces une espèce de dessin énigmatique.

N°s 15 et 16. Pointes de flèches ou petits poinçons complets.

N°s 17 et 18. Extrémités de spatules faites avec des côtes d'animal. Le n° 18 est dessiné de face et de profil.

N° 19. Fragment d'un instrument semblable aux n°s 12, 13 et 14, dessiné de face et de profil. On voit encore sur l'une des faces un dessin indescriptible et tout à fait énigmatique pour moi. Au-dessus de ce dessin, dans la cassure même, existent encore deux petits trous reproduits sur des os précédents.

N° 20. Extrémité de spatule, vue de face et de profil.

Planches XIX et XIX bis.

N° 1. Grattoir ou râcloir en silex emmanché dans une gaîne en bois de cerf. Ce curieux instrument a été trouvé par M. Meillet, dans le terrain diluvien qui compose la couche inférieure de la première caverne, près du bloc F, dans le couloir M. L'autre extrémité semble aussi avoir été préparée pour recevoir un grattoir.

N° 2. Gaîne en bois de cerf destinée à recevoir une hache ou un grattoir, percée d'un trou rond dans le milieu pour recevoir un manche de bois. L'autre extrémité semble également avoir été creusée comme si elle devait recevoir une autre pierre. Ce morceau a été trouvé avec le précédent, par M. Meillet, dans le couloir M (1).

N° 3. Petit grattoir en silex emmanché dans un andouiller de bois de cerf, dont l'extrémité est râclée en pointe pour en faire une arme ou un outil. Cet objet a été trouvé dans la deuxième caverne, à peu de profondeur, tandis que les autres ont été rencontrés dans un terrain primitif. Ceci ferait supposer que le dépôt de la deuxième caverne aurait été remanié postérieurement à l'enfouissement de cet objet, ou que des objets identiquement semblables auraient été en usage après le cataclysme qui a enfoui les premiers ; ce qui peut avoir eu lieu.

(1) Ces deux objets ne font plus partie de la collection de M. Meillet ; ils doivent être au musée de Chambéry.

N° 5. Os de lièvre ou de son espèce, servant de gaîne à une petite pointe de silex blond très-acérée et destinée à un usage que je ne puis deviner, à moins cependant que ce ne fût pour se tatouer ou se saigner ; et ce qui viendrait donner une certaine valeur à l'idée du tatouage, c'est que nous avons trouvé un petit vase grand comme un dé à coudre, creusé dans un morceau de bois de cerf et rempli d'une matière rouge que M. Meillet a reconnue pour être de l'oxyde de fer.

Nous avons trouvé deux de ces os armés d'une pointe de silex; ils étaient dans la couche inférieure, près de l'ouverture de la caverne E.

N° 6. Petite côte d'animal servant de gaîne à une autre pointe de silex semblable à celles des deux os précédents, destinée probablement au même usage et trouvée avec eux.

N° 7. Morceau de bois de cerf ou de renne, dont une extrémité représente une tête d'oiseau, et où un petit trou rond semble avoir été fait pour imiter un œil. Même couche et même caverne.

N° 8. Dent d'animal bien conservée et percée d'un petit trou, comme si elle eût fait partie d'un collier ou d'un bracelet.

N° 9. Morceau d'os sur lequel on a essayé de tracer avec une pointe de silex deux yeux, un nez et une bouche, et au-dessous une bande avec des lignes disposées en aile de fougère. Couche inférieure de la première caverne.

N° 10. Spatule ou autre instrument fait avec une côte d'animal et ornée de deux filets et de dents de scie, dessinée de face et de profil. (Couche inférieure de la première caverne.)

N° 11. Morceau d'os cassé en pointe intentionnellement et orné d'une bande en dents de scie. (*Idem.*)

N° 12. Fragment d'un poinçon ou d'un ciseau plat avec entailles sur une face, et stries à une extrémité. (*Idem.*)

N° 13. Petit fragment de côte d'animal, polie et râclée avec soin sur les deux faces, et ornée de dents de scie et de points. Les deux côtés sont représentés. (*Idem.*)

Dans un des dolmens de Vilaigue, près Saint-Martin-l'Ars, dont je donne la description plus loin, j'ai trouvé un fragment de poterie orné d'un dessin semblable à celui-ci et également fait en creux avec une pointe de silex.

N° 14. Aiguille ou poinçon entier, avec gouttière d'un côté. (*Idem.*)

N° 15. Autre fragment de poinçon avec gouttière.

N° 16. Pointe de flèche complète.

N° 17. Os d'oiseau servant de gaîne à une petite lame de silex qui a été brisée, et dont une partie se voit encore engagée dans l'intérieur de l'os.

Sur une face de cet os, on remarque le même genre d'aiguille ou de lance barrée que j'ai signalé sur les poinçons précédents. Il est dessiné de face et de profil. (Couche inférieure de la petite caverne E.)

N° 18. Pointe de flèche ou de ciseau plat, vue de face et de profil. (*Idem.*)

N° 19. Autre fragment de poinçon avec entailles sur l'une des faces, disposées en forme de chevrons brisés ; vu de face et de profil. (*Idem.*)

N° 20. Autre dent d'animal percée au milieu et provenant d'un collier ou d'un bracelet. (*Idem.*)

Planches XX et XX bis.

Ces dernières planches sont celles qui offrent le plus grand intérêt, à cause des inscriptions gravées sur quelques-uns des os qui les composent.

N° 1. Fragment d'os gratté avec soin, sur lequel on a eu l'intention de représenter une figure humaine. On y distingue deux yeux, un nez et une bouche; au-dessus de la tête, on voit des entailles disposées en rayons. Ne serait-ce pas la lune et le soleil qu'on aurait voulu ainsi représenter? (Couche inférieure de la première caverne.)

N° 2. Le personnage que l'on a dessiné sur cet os est plus complet que le précédent; celui-ci semble posséder des bras et des jambes. A côté de la figure on voit certaines petites entailles que j'ai pris d'abord pour des lettres, et qui peuvent bien n'être que des vermiculations; aussi je ne les indique que comme fort douteuses. Mais, au-dessus de la tête de ce personnage aux cheveux hérissés, on a encore reproduit au trait cette aiguille ou lance barrée signalée déjà plusieurs fois sur les poinçons. (*Idem.*)

N° 3. Sur cet os on a gravé au trait un serpent dont la tête est entourée de rayons, et le corps orné de dents de scie. (*Idem.*) Sur presque tous ces os on remarque aux extrémités *un pointillé* fait avec un silex et qui bien certainement a été fait avec intention. On dirait une espèce de contrôle.

N° 4. Os cassé en pointe, peut-être pour faire une flèche, et sur lequel on a fait un dessin avec une pointe de silex; dessiné des deux côtés. (*Idem.*)

N° 5. Petit fragment de côte taillé en pointe et orné sur une face de dents de scie en creux; vu de face et de profil. (*Idem.*)

N° 6. Os cassé en pointe, avec commencement d'ornementation. (*Idem.*)

N° 7. Autre os cassé, avec dessin au trait à peine commencé, et pointillé aux deux extrémités. (*Idem.*)

N° 8. Fragment d'os cassé en pointe, avec des raies croisées comme des hachures. (*Idem.*)

N° 9. Petit fragment d'os avec ligne brisée. (*Idem.*)

N° 10. Autre petit fragment, sur lequel on a gravé au trait trois petits ronds. (*Idem.*)

Les n°s 11, 12, 13, 14, 15, 17 et 18 sont les morceaux capitaux de notre trouvaille, en raison des inscriptions ou des lettres parfaitement conservées qui sont gravées dessus.

Le n° 11 surtout est des plus intéressants, et celui qui, je crois, sera le plus apprécié des savants.

Le n° 12 n'est pas moins curieux, et les signes hiéroglyphiques qu'il représente pourraient être ceux d'un calendrier.

Le n° 13 paraît représenter un soleil avec deux lettres au-dessous.

Le n° 14 est un fort joli petit grattoir emmanché dans un cornillon de cerf orné de dents de scie, de filets et de points, et sur lequel est une lettre parfaitement gravée.

Le n° 16 est un os de cerf arrondi d'un côté, concave de l'autre, et dont un bout est dentelé comme un peigne. Toutes ces dents ont été dégagées à la scie, et on voit les rayures faites par elle sur l'os.

N° 19. Morceau d'ardoise taillé et poli avec soin sur toutes ses faces ; une extrémité légèrement arrondie est percée d'un trou, ce qui fait supposer qu'il pouvait se suspendre lorsqu'il était entier. Sa forme, légèrement courbée, devait se rapprocher de celle d'une faucille ou d'un fer à cheval.

Un objet exactement semblable à celui-ci, ainsi que des grattoirs emmanchés dans des gaînes en bois de cerf, des haches en pierre, ont été trouvés dans la caverne de Mizy (1),

(1) Étude de M. le docteur Rémy, de Mareuil-le-Port, sur la caverne contenant des ossements humains et des armes en silex, découverte à Mizy.

décrite par M. le docteur Rémy, de Mareuil-le-Port, dans les Mémoires de la Société d'agriculture, sciences et arts du département de la Marne, année 1861.

Planches XXI et XXI bis.

Tous les objets représentés sur ces deux planches proviennent d'une dernière fouille faite par M. Meillet.

N° 1. Os travaillé, percé d'un trou rond à l'une de ses extrémités, dont une partie est brisée, et terminé à l'autre par une espèce de figure d'animal. Cet objet, très-poli, était probablement une amulette ou un ornement qui se portait au cou.

N° 2. Ammonite percée d'un trou fait de main d'homme. Il en a été trouvé une autre à peu près semblable dans la même caverne. Cet objet devait également se suspendre, soit comme ornement, soit comme talisman ou amulette.

N° 3. Os arrondi et poli, sur lequel on remarque des stries; une extrémité, brisée, plus aplatie et plus large que l'autre, devait être percée d'un trou rond, ainsi que le fait supposer la partie circulaire que l'on remarque sur cet os.

N° 4. Os cassé en pointe, sur lequel on a gravé avec un silex des raies parallèles, deux petits ovales et un carré. Sont-ce des caractères, des signes quelconques qui ont une signification? ou ne doit-on les attribuer qu'à un pur caprice?

N° 5. Os travaillé, brisé à un bout et taillé en ciseau à l'autre extrémité.

territoire de Leuvrigny, canton de Dormans, au mois de mai 1861. — Imprimée dans les Mémoires de la Société d'agriculture, commerce, sciences et arts du département de la Marne. — Année 1861.

N° 6. Petit poinçon complet avec une raie dans toute la longueur, et une espèce de croix en creux posée en sautoir sur cette raie du milieu.

N° 7. Os travaillé, terminé à une extrémité par une coche arrondie très-polie, qui annonce un long usage; à l'autre extrémité, sur l'une des faces, l'on remarque un rond entouré de rayons ressemblant à un soleil.

N° 8. Autre os travaillé en forme de ciseau, avec entaille et rayures en dents de scie.

N° 9. Fragment d'outil en os, de forme arrondie.

N° 10. Poinçon ou pointe de flèche en os, parfaitement conservé; à l'extrémité qui devait être liée au bois de la flèche, on remarque des raies faites avec un silex.

N° 11. Fragment de poinçon en os, dont les deux extrémités sont brisées, et orné sur une face d'entailles disposées en forme de flèches.

N° 12. Autre petit poinçon ou spatule en os complet.

N°s 13 et 14. Poinçons ou pointes de flèche en os, très-bien conservés et complets; le n° 13 a une gouttière sur l'une de ses faces.

N° 15. Petit outil complet en os, vu de face et de côté, pointu à une extrémité, et coupé en bec de flûte à l'autre.

N° 16. Poinçon en os, de forme arrondie et ayant sur les côtés des entailles disposées symétriquement; complet.

N° 17. Autre fragment d'outil en os.

N° 18. Fragment de côte taillé et arrondi en forme de spatule.

N° 19. Fragment d'os travaillé, percé d'un trou.

N° 20. Fragment de côte avec des rayures faites en forme de chevrons brisés.

N° 21. Poinçon en forme de ciseau, gratté et strié.

N° 22. Fragment d'os brisé, sur lequel on a dessiné au

trait, avec un silex, une espèce d'animal qui ne peut être un oiseau, car il paraît avoir quatre pattes, une crinière, un bec en forme de trompe d'éléphant, et une longue queue. Ne serait-ce peut-être pas un tapir qu'on aurait voulu représenter? Au-dessus et au-dessous on remarque des entailles bien intentionnelles, qui pourraient bien être des caractères.

N° 23. Autre fragment d'os brisé, sur lequel on a représenté également au trait un autre animal qui, cette fois, est bien un oiseau. Le trait n'en est pas aussi net et aussi pur que celui de l'autre animal.

N° 24. Poinçon ou aiguille en bois de cerf ou de renne, légèrement recourbé et ayant une gouttière sur chaque face; vu de face et de profil.

N° 25. Autre poinçon ou aiguille, ou poignard droit très-pointu, avec entailles sur une face; en bois de renne ou de cerf.

N° 26. Os remarquable par les cassures intentionnelles dont il a été l'objet, et qui prouvent d'une manière incontestable qu'il était destiné à armer une lance ou une pique. On remarque de nombreuses rayures à l'une de ses extrémités.

N° 27. Autre fragment d'os brisé intentionnellement, également très-remarquable par son travail, plus complet que celui du précédent. L'extrémité a été râclée avec un silex, pour la rendre plus pointue, et on voit toutes les stries laissées par la pierre.

N° 28. Troisième os brisé en pointe intentionnellement pour servir d'arme, et dont une surface est toute striée. Il n'est personne qui, après un examen sérieux de ces os, ne reconnaisse, comme moi, que le hasard, ou une force majeure indépendante d'une volonté, ne sont absolument pour rien dans ces cassures d'os. Ceux-là seuls sont des types suffisants pour prouver que les cassures des autres, que l'on trouve en si grande quantité, sont bien toutes intentionnelles et le résultat de la main de l'homme.

N° 29. Os brisé avec soin aux deux extrémités, et sur lequel on a représenté au trait un serpent dont la tête est entourée de rayons et la queue terminée en forme d'anneau. Au-dessous de la tête, on remarque trois entailles qui ressemblent à des caractères ; c'est le troisième serpent ainsi représenté qui a été trouvé dans la même caverne. Évidemment cet animal devait être pour nos ancêtres l'objet d'une grande vénération, sinon un des dieux qu'ils adoraient.

N° 30. Os styloïde de cheval gratté et strié.

N° 31. De tous les objets de ces planches, celui-ci est certainement un des plus remarquables par son travail. C'est un morceau d'os dont une extrémité représente une tête de crocodille, et qui est percé d'un trou à l'autre bout, afin de pouvoir le suspendre, soit comme parure, soit comme talisman ou amulette.

La difficulté d'exécution de ce bijou, surtout lorsque l'on songe que le silex seul était la matière qui fournissait des outils tranchants, prouve que chez ces peuples sauvages l'habileté suppléait au défaut de l'instrument.

Fouilles de la caverne des Fadets et de celle de l'Ermitage,

Près de Lussac-les-Châteaux,

Grotte aux Fadets.

Cette caverne, découverte par moi tout récemment, est située sur le bord de l'étang de Lussac-les-Châteaux, au bas d'un coteau hérissé de roches abruptes, dont quelques-unes sont à pic sur l'étang.

Elle est divisée en deux parties principales par les piliers naturels C et D. (Pl. XXII, fig. 1.)

On y pénètre par deux entrées, dont l'une, A, est au sud, et l'autre, B, au sud-ouest ; le plafond est généralement peu élevé, et on a de la peine à s'y tenir debout.

Le sol, formé par la roche même, est tout au plus à deux mètres au-dessus du niveau de l'étang.

Aussi, par de grandes crues, l'eau entre par une ouverture et sort par l'autre. C'est probablement à cette cause qu'il faut attribuer l'enlèvement du remplissage de cette caverne, dans les parties où des courants ont pu s'établir. Autrefois, lorsque la chaussée de l'étang n'existait pas, ces inondations devaient être excessivement rares.

Dans les parties E, D, F, G, on trouve encore une assez grande quantité de terre rouge argileuse mélangée de pierres fragmentaires, de quelques galets de quartz et de granit.

Dans ce dépôt, de même qu'à sa superficie, on trouve des silex taillés, des os travaillés ou brisés intentionnellement, comme ceux des cavernes précédentes.

Ces objets y sont beaucoup moins abondants que dans celles du Chaffaud. On y remarque cependant des éclats de silex et des noyaux sur lesquels on a enlevé des flèches ou des couteaux, et qui prouvent qu'on a fabriqué ces instruments sur place. Je n'y ai pas trouvé de haches polies, mais plusieurs pierres travaillées par percussion, qui sont bien certainement des casse-tête de l'époque la plus primitive.

Dans le couloir E, j'ai ramassé des fragments de poterie grossière, pleine de gros cailloux blancs et à peine cuite.

Il est à remarquer qu'ici, comme au Chaffaud et à la Bussière, les objets ouvragés ont été trouvés groupés dans certaines parties de la caverne. Ainsi, près du pilier D et du bloc de rocher H, j'ai rencontré particulièrement des silex taillés, deux casse-tête et des os brisés ; entre les piliers D et C, au point I, j'ai ramassé beaucoup d'os dont quelques-uns sont fort remarquables, entre autres une magnifique flèche barbelée et exécutée avec un art surprenant pour des hommes qui n'avaient à leur disposition que des instruments en silex. Il en a été trouvé une semblable par M. de Longuemar dans la caverne du Chaffaud. Avec ces flèches était un poinçon orné de zigzags, et enfin un fragment d'os plat sur lequel sont dessinés au trait deux animaux placés à la suite l'un de l'autre et ressemblant beaucoup à des chevaux ; malheureusement, la partie de l'os sur laquelle se continuait le dessin manquait depuis longtemps.

Dans les couloirs P et G, où le dépôt d'alluvion est plus épais, j'ai surtout trouvé des os d'animaux déterminables.

Voici quelques-unes des espèces que nous avons cru reconnaître : le bœuf ou aurochs, deux races de chevaux, l'une petite et l'autre grande, le cerf, le renne, le chevreuil, le mouton, le chien ou le loup, un fœlis de petite taille, probablement le jaguar, l'hyène, le renard, plusieurs espèces de rongeurs, un jambe de coq avec son ergot, enfin plusieurs dents humaines parfaitement conservées.

Dans la petite grotte J, j'ai trouvé sur le sol un fragment de tuile romaine et une pièce en argent, un huitième d'écu de Charles X, duc de Bourbon, de 1597.

Il y a quelques années, on y a également trouvé un sceau en cuivre du XIVe siècle appartenant à un évêque.

Ces derniers objets prouvent que cette grotte a été, sinon constamment habitée, au moins visitée à plusieurs époques.

Sur le coteau qui sépare cette caverne de celle de l'Ermitage, on remarque trois levées de terre hautes à peu près d'un mètre et longues de 10. Elles sont disposées carrément ; deux sont en parallèles, à une distance de 15 ou 20 mètres, et se développent de l'est à l'ouest; la troisième, de même dimension, est construite du nord au sud et à l'est des deux autres.

Le quatrième côté du carré, qui est à l'ouest, n'a point de levée; mais il est protégé par l'étang. Doit-on considérer ces mouvements de terrain comme les remparts d'une enceinte ou comme des tumuli? J'avoue mon indécision, car ces deux idées sont admissibles, dans les conditions où ils sont situés.

Caverne de l'Ermitage.

Cette caverne est à 500 mètres à peu près de celle des Fadets, sur le bord du même étang, à quelques mètres d'une construction en pierre assez originale appelée l'*Ermitage*, et qui dépendait jadis du château de Lussac.

L'ouverture est située au sud; comme elle est de toute la largeur de la caverne, on en a fermé une grande partie, à une époque postérieure à son remplissage, par un monticule A (pl. XXII, fig. 2), composé de blocs de rocher rangés de façon à retenir la terre et à laisser deux couloirs assez étroits B et C, qu'il était facile de clore à volonté.

Cette motte, haute de deux mètres, peut encore avoir été élevée pour défendre l'entrée de la caverne, ou pour recouvrir une sépulture.

Ce qu'il y a de certain, c'est que ces blocs sont placés là de main d'homme, sauf celui G, qui est énorme et paraît s'être détaché du plafond à une époque postérieure à la construction du monticule; la terre qui compose cette motte est exactement la même que celle qui remplit la caverne; elle contient, comme elle, des silex taillés et des ossements. J'y ai fait faire des fouilles qui m'en ont donné des preuves.

J'ai retrouvé là ce que j'avais trouvé ailleurs, des silex

taillés épars à la superficie du sol et les mêmes silex mêlés d'os brisés dans la couche du fond. C'est particulièrement près des blocs de rocher D et E, situés à l'extrémité de la grotte, que je les ai rencontrés. Dans des fouilles récentes que M. Meillet vient d'y faire, il en a rapporté une quantité considérable de silex taillés, fort remarquables par la nature de leur travail et leurs formes ; il les a trouvés près des blocs F, G, H, I, J, qui composent le monticule de l'entrée.

J'ai cru y reconnaître en partie les mêmes espèces d'animaux que dans les précédentes cavernes.

Les fouilles qu'on y a faites sont insuffisantes, et elle mériterait d'être explorée avec plus de soin.

Les dépôts de ces deux cavernes n'avaient encore été signalés par personne avant la communication que j'en ai faite à la Société des antiquaires de l'Ouest.

Voici la description de quelques-uns des principaux objets qui en proviennent et dessinés de grandeur naturelle.

Planches XXII et XXII bis.

Les n°s 4, 5 et 6 sont des silex travaillés pour faire des casse-tête. Ils sont certainement de l'époque anté-diluvienne. Le n° 6 est surtout fort remarquable. (Caverne des Fadets.)

N° 7. Pointe de lance en silex gris. *(Idem.)*

N° 3. Couteau ou pointe de lance en jaspe veiné, travaillé avec beaucoup de soin. *(Idem.)*

N° 9. Autre pointe de lance ou de javelot également en silex. *(Idem.)*

N° 8. Hache en emphibolite, grossièrement ébauchée.

Planches XXIII et XXIII bis.

Tous les dessins de ces planches, depuis 1 jusqu'à 22 inclusivement, représentent des pointes de lances ou de javelots en silex de forme et de grandeur variées ; toutes portent les preuves d'un travail minutieux.

Les nos 23 et 24 sont des grattoirs ou râcloirs ; beaucoup de ces silex sont décomposés à leur surface.

Les nos 2, 3, 4, 5, 8, 10, 11, 16, 18 et 20 ont été trouvés dans la caverne de l'Ermitage ; les autres numéros proviennent de celle des Fadets.

Planches XXIV et XXIV bis.

Les nos 1, 2, 3, 4, 5, 8, 9, 10 et 11 sont des grattoirs en silex de différentes dimensions. Ceux 2 et 3 n'étaient pas faits pour être emmanchés, car ils ont les deux extrémités travaillées de la même façon. Ils proviennent presque tous de la caverne des Fadets.

Les nos 6, 7, 12, 13, 14, 15, 16, 17, 18, 19, 20, 21, 22, 23, 29 et 32 sont des pointes de flèches de plusieurs grandeurs.

Les nos 24, 25, 26, 27, 28, 30 et 31 sont des couteaux plus ou moins complets, trouvés dans la caverne des Fadets.

Nos 33, 34, 35 et 36. Fragments d'os brisés intentionnellement pour faire des pointes de flèches.

No 37. Autre spécimen d'os brisé qui se rapporte à la planche suivante. (Grotte des Fadets.)

Planches XXV et XXV bis.

Nos 1, 2, 3, 4, 5, 6, 7 et 8. Os brisés avec intention, et destinés, comme ceux du Chaffaud, à armer des lances ; tous portent des marques de grattage ou des stries faites de main d'homme ; leur destination me paraît incontestable.

N° 9. Os de cheval très-pointu, qui pouvait servir de poinçon ou de poignard.

N° 10. Fragment de bois de cerf ou de renne, râclé et scié aux extrémités, orné d'un filet en creux.

Nos 11 et 12. Petits poinçons en os.

Nos 13 et 14. Fragments d'une flèche barbelée, extrêmement remarquable par son travail délicat et son élégance. Une pointe semblable à celle-ci a été trouvée dans la caverne principale du Chaffaud.

Les barbelures de cette flèche sont découpées et ornées avec soin de petites entailles probablement destinées à recevoir du poison. Une nervure délicate et dentelée a été ménagée sur chaque côté. Cette arme devait être très-meurtrière et servir rarement; aussi est-elle peu commune. J'ai de la peine à croire que le métal ait été complétement étranger à son exécution, et que les outils de silex soient les seuls qui aient servi. Cependant les morceaux de métaux trouvés dans cette caverne sont une pièce d'argent de 1597 et un cachet d'évêque en cuivre du XIVe siècle.

N° 15. Poinçon en os très-bien conservé, orné de zigzags ou dents de scie.

Il a été trouvé auprès de ces deux flèches, dans la grotte aux Fadets.

N° 16. Autre fragment de poinçon avec gouttière, en os de renne ou de cerf.

N° 17. Petit andouiller de bois de cerf, portant à son extrémité inférieure les marques d'une coupure faite avec une scie en silex. Cet os devait servir de poignard ou de poinçon.

Nos 18, 20, 21, 22 et 23. Os brisés de main d'homme et destinés à faire des pointes de flèches.

N° 19. Fragment d'os plat, sur lequel on voit deux animaux dessinés au trait. Malheureusement cet os était cassé tel qu'il est lorsque je l'ai trouvé, de sorte que la tête du premier quadrupède manquant, on ne sait pas à quelle espèce il appartient ; quant au second, la partie postérieure du corps n'a pas été achevée ; cependant l'on reconnaît parfaitement une tête de cheval.

Les nos 11, 12, 13, 14, 15, 16, 17 et 19 ont été trouvés ensemble entre les deux piliers de la caverne des Fadets.

No 24. Poinçon en bois de renne ou de cerf, avec gouttière, trouvé dans la même grotte que les objets précédents.

Caverne du Roc-Saint-Jean,

Près Ligugé, arrondissement de Poitiers.

Cette grotte, appelée par les uns le *Roc-Saint-Jean*, et par les autres, la *Grotte-au-Loup*, est située à mi-côte d'un coteau presque à pic, couvert de bois, près de Ligugé, dans les vallons voisins de Mezeaux, qu'arrosent plusieurs cours d'eau, au sud de Poitiers.

Cette grotte est creusée en cul-de-four. Elle n'est pas très-vaste, mais cependant elle peut encore contenir facilement de douze à quinze personnes. L'entrée est de toute la largeur de la grotte et de la hauteur du plafond. Elle est située au sud. Un bloc A, dont les angles sont mousses, et dont je m'explique difficilement la présence ici, à moins qu'il n'y ait été laissé par les eaux, est placé à l'entrée de cette grotte, qu'il devait clore en partie. Au fond existe un couloir haut et large d'un mètre, formant un petit réduit D, qui se prolonge à droite en forme de couloir, assez étroit pour que l'on ne puisse pas aller très-loin, même en étant à plat ventre.

Cette grotte a été aux trois quarts vidée, et son dépôt primitif n'existe plus que dans les parties B, C et D. C'est là que nous avons fouillé, M. Meillet et moi, et nous y avons trouvé des silex taillés, des os cassés, quelques fragments de poteries plus ou moins anciennes, des os d'animaux de petite taille, quelques dents de ruminants et une mâchoire de chien ou de renard, semblable à celles trouvées dans les dolmens de Vilaigue et dans les grottes précédentes.

En la fouillant plus complétement, on pourrait trouver quelques autres objets ; mais, pour moi, ceux que je possède sont plus que suffisants pour prouver que cette caverne a été habitée, comme les autres, à une époque anté-historique. Elle a été bien souvent visitée par les promeneurs des bois de Ligugé et de St-Benoît, voire même par des antiquaires émérites, et personne n'a eu l'idée d'y donner quelques coups de pioche et d'interroger le sol.

Caverne du Porteau,

Près Poitiers.

Cette caverne est située sur le bord du Clain, à mi-côte des pittoresques rochers qui bordent la route de Poitiers à Paris. Elle se compose d'une première caverne A, ouvrant au sud et communiquant par une fissure B à une chambre C, moins vaste que la première et à demi comblée par des éboulements de terre venant du haut.

Au-dessus de la première caverne existe un couloir formant un second étage, fort restreint à la vérité ; on remarque encore à droite de l'entrée un puits naturel communiquant avec le sommet du coteau, où il forme un précipice dangereux.

Le remplissage de cette caverne a été remanié souvent ; la superficie se compose de débris calcaires, au-dessous desquels on rencontre la terre meuble, et le sable diluvien mêlé de cailloux roulés et de graviers.

J'y ai trouvé plusieurs silex taillés, parfaitement caractérisés, des noyaux, un casse-tête en forme de hache, travaillé par percussion seulement et non poli, et qui certainement est l'œuvre de la main humaine; enfin quelques os brisés, semblables à ceux des autres cavernes. Comme nos fouilles n'ont pas été sérieuses, je crois qu'il doit y en exister bien d'autres. Cette caverne mérite d'être mieux explorée que nous ne l'avons fait, M. Meillet et moi.

Fouilles de la caverne de Jioux,

Près Chauvigny (Vienne).

Cette caverne est située à 2 kilomètres de Chauvigny, à gauche et près de la route qui va de cette ville à Lussac-les-Châteaux, dans une vallée profonde, dite *Vallée des Goths*, entourée de coteaux abrupts couverts de bois et de rochers, et sur la croupe desquels se remarquent des amoncellements de pierres brutes, qui ont dû composer autrefois les remparts d'enceintes ou de quelques lieux de refuges, dans le genre de ceux que j'ai signalés sur les coteaux qui avoisinent Charroux.

Cette caverne est des plus pittoresques et des plus intéressantes. Elle peut être indiquée, jusqu'à présent, comme le type le plus complet et le mieux caractérisé des cavernes celtiques *fermées* ou *fortifiées* de *main d'homme* qui existent dans nos contrées.

Elle consiste en une profonde érosion de 3 mètres 50 c., faite par les eaux dans la roche, et dont le travail est aussi apparent qu'incontestable; mais ce qui est plus remarquable encore, ce sont les cinq blocs de rocher énormes plantés debout par les hommes devant cette caverne pour la clore et pouvoir y habiter avec toute sécurité. Quand on examine la pente presque à pic du coteau, la situation élevée de cette caverne, qui peut être à 25 mètres au-dessus du niveau de la vallée, la longueur, l'épaisseur et la hauteur de ces blocs, les difficultés inouïes que leur mise en place a dû faire naître, on se demande si réellement ce n'est pas là le travail d'une génération de Titans, les frères de ceux qui élevèrent les dolmens de nos contrées et dressèrent les innombrables menhirs de Carnac. Aujourd'hui, que nous sommes si puissants avec nos machines, nous aurions de la peine, dans les conditions où se trouve le terrain, à faire un tel travail. La manière dont ces blocs sont posés debout, le chaos des roches éboulées et entassées pêle-mêle qui les avoisinent et qui les masquent en partie, tout en leur servant de contre-forts, offrent à l'œil une retraite de l'aspect le plus sauvage, le plus pittoresque que l'on puisse rêver ; et si l'imagination fait apparaître au milieu de ce désordre de la nature l'ombre de l'un de ces Celtes farouches, à la barbe et à la chevelure longues, d'une couleur tirant sur le fauve, vêtu d'une peau d'aurochs, le casse-tête ou l'arc à la main, nous aurons un tableau complet d'une époque dont aucune tradition n'a conservé le souvenir.

L'intérieur de cette caverne formait deux chambres A et B (pl. XXVI, fig. 1), ayant à elles deux près de 15 mètres de long et 3 mètres 50 cent. dans les parties les plus larges. Le bloc D a 3 mètres de large, 1 mètre d'épaisseur, et près de 3 mètres de haut. Celui E a 1 mètre de large, 80 centimètres d'épaisseur, et 3 mètres de haut. Les blocs G et H ont 1 mètre 30 centimètres de large, 70 à 80 centimètres d'épaisseur, et près de 3 mètres de haut. Presque tous ces blocs sont plus étroits à leur sommet qu'à leur base. Une entrée, large à peu près de 1 mètre 80 cent., avait été laissée à l'extrémité G, et pouvait se clore facilement. Ainsi fermée, cette caverne pouvait offrir une retraite impénétrable aux animaux et même aux hommes.

M. Meillet et moi nous avons fouillé complétement le terrain de cette grotte jusqu'au sol naturel, et à plus d'un mètre de profondeur dans certains endroits. Il nous a offert le désordre le plus complet, qui prouve plusieurs remaniements postérieurs. Ce sol se compose d'une terre très-meuble, remplie de fragments calcaires et d'une très-grande quantité de cailloux roulés de quartz. Dans certaines parties de la chambre A, particulièrement près des blocs J et K, nous avons rencontré une couche de cendres très-épaisse, dans laquelle étaient des silex taillés et quelques noyaux, sur lesquels on avait enlevé des flèches, nouvelle preuve que l'on a taillé ces silex sur place. Dans toutes les parties de la caverne, aussi bien à fleur du sol que dans le fond, nous avons trouvé une très-grande quantité d'ossements humains de toute dimension. Les os courts étaient généralement entiers, tandis que ceux d'une certaine longueur étaient tous brisés. Quelques-uns ont leur surface rongée, fendillée et striée, comme s'ils fussent restés longtemps exposés à l'air, d'autres paraissent être peu anciens.

Les nombreuses clavicules et quelques autres os de forme semblable que nous avons recueillis prouvent que l'on a déposé dans ce lieu au moins 4 ou 5 cadavres humains. Pas un squelette n'a été trouvé en place et disposé dans son ordre anatomique. Tout était épars dans ce terrain, à la superficie comme dans le fond : ossements humains, poteries celtiques à pâte grossière, parfaitement caractérisées, poteries non tournées, minces et lissées pour leur donner du poli, unies ou ornées d'un pointillé, de dentelures, de raies faites au trait, à rebord légèrement évasé, à panse arrondie, et dont la grandeur et la forme sont identiques à celles des poteries trouvées dans les dolmens de Vilaigue et dans la tombelle de Brioux. Avec ces débris celtiques étaient quelques fragments de poteries gallo-romaines, une tuile à rebord, une pointe de fer en forme de clou, enfin une monnaie de cuivre, un tournois de Gaston, frère de Louis XIII. Maintenant, ces sépultures sont-elles celtiques, gauloises, romaines ou gallo-romaines, même postérieures encore à ces époques? C'est ce qu'il est difficile de déterminer. Les silex grossièrement taillés, les noyaux, les os cassés en pointes, les poteries grossières annonceraient une époque antérieure à l'époque celtique. La petite flèche, fig. 2, pl. XXVI, si habilement taillée, le petit galet en cristal de roche percé, les poteries plus minces et ornées de dessins sembleraient indiquer l'époque celtique des dolmens. La tuile à rebord et quelques autres objets annoncent l'époque romaine ou gallo-romaine. Mais les ossements, je le répète, à laquelle de ces trois périodes appartiennent-ils?

Un fait assez remarquable, c'est que, dans ce terrain, les débris humains dominaient de beaucoup, et, à part quelques dents de mouton, de cheval, un fragment de mâchoire avec une molaire, appartenant au sanglier, nous avons trouvé très-peu d'ossements d'animaux cassés en pointes ou travaillés, lesquels se sont rencontrés si abondamment dans les cavernes du Chaffaud et des Fadets.

Les objets les plus remarquables qui ont été recueillis dans cette caverne sont représentés de grandeur naturelle dans les planches XXVI et XXVI *bis*.

Planches XXVI et XXVI bis.

N° 1. Fragment de cristal de roche arrondi et percé, à

une extrémité, d'un trou fait de main d'homme, pour pouvoir le suspendre et le porter au cou comme ornement. Cet objet devait être destiné à la parure d'une femme, et dépendait peut-être du collier d'une Celte ou d'une Kymri.

N° 2. Flèche en silex, taillée avec une extrême habileté. Nous en avons trouvé une exactement semblable dans le dolmen de Vilaigue.

N° 3. Fragment d'os brisé râclé en pointe pour faire une flèche.

N° 4. Autre morceau d'os brisé, que je crois humain, taillé en pointe de main d'homme, pour faire un poignard ou un poinçon.

N° 5. Fragment de poterie non tournée, d'une pâte fine, ornée d'une bande sur laquelle sont des points faits en creux avec un outil.

N° 6. Autre échantillon de poterie celtique non tournée, également décorée extérieurement de raies horizontales et perpendiculaires, et, sur le rebord intérieur, de dentelures rayées, tout cela au trait.

N° 7. Fragment de poterie, peut-être gallo-romaine, ornée d'une bande avec dentelures saillantes faites à l'outil.

N° 8. Autre fragment de poterie de la même époque, orné de pointes saillantes.

N° 9. Fragment de poterie de la même époque, orné sur le rebord de creux faits à l'outil.

N° 10. Petit morceau d'ivoire ou d'os tourné, percé d'un trou au milieu. Je ne crois pas que cet objet soit ancien.

N° 11. Spécimens de flèches en silex taillées sans retouche, comme celles du Chaffaud.

N° 12. Fragment d'un beau couteau en silex brun, taillé avec soin.

Cavernes de Pron,

Près Nouaillé (Vienne).

Aux environs de Nouaillé, sur les bords du Miosson, on rencontre plusieurs cavernes plus ou moins importantes, dont quelques-unes semblent avoir servi de refuges aux premiers habitants de cette contrée.

Avant de parler de celles de Pron, disons en passant un mot de la *Grotte-au-Loup*, située au sud, au bas d'un coteau couvert de bois, en face de Nouaillé. Elle est remarquable comme grotte, mais elle ne contient plus rien de son dépôt diluvien, qu'on a fait disparaître, à une époque récente, pour la transformer en cave. Elle se compose de trois couloirs disposés en T. L'entrée actuelle devait être bouchée autrefois par la terre du coteau, et l'entrée primitive devait être l'ouverture qui est située au-dessus du premier couloir, dans lequel elle donne du jour. Cette caverne, de formation ancienne, contenait certainement des ossements et des silex taillés, bien que nous n'y ayons rien trouvé.

A un kilomètre plus loin, sur les bords du même ruisseau, près d'une fontaine, on trouve deux autres petites cavernes situées au midi, dont le plafond est très-bas, mais dans lesquelles j'ai trouvé quelques silex taillés répandus sur la superficie du sol. Nous ne les avons point fouillées, mais cependant je crois qu'elles pourraient offrir quelque intérêt.

Arrivons maintenant aux grottes de Pron ; elles sont situées à peu près à deux kilomètres de Nouaillé, toujours sur la même rive du Miosson, dans une vallée encaissée et d'un aspect assez agreste. L'une d'elles, fort curieuse comme travail d'érosion, et malgré son heureuse situation, ne contient aucun silex taillé, aucun os travaillé ou cassé intentionnellement. On y trouve seulement quelques rares ossements d'oiseaux ou de quadrupèdes de très-petite taille, qui peuvent y avoir été introduits par les animaux qui s'y retirent journellement. L'entrée est petite, et autrefois elle devait l'être encore bien davantage ; en l'examinant, on reconnaît que le travail de l'homme est venu achever celui des eaux. Mais à quelle époque ce travail a-t-il eu lieu? Voilà une question à laquelle il est difficile de répondre, d'autant plus que le sol même de cette caverne reste muet.

J'ai dit plus haut que nous n'y avions rencontré ni ossements, ni silex taillés, ni poteries celtiques, rien qui annonçât son occupation à une époque anté-historique; donc cette entrée n'a pu être agrandie que postérieurement, par les hommes qui disposaient de moyens assez puissants pour cela et qui y ont laissé les cendres, les charbons et les quelques fragments de poteries vernissées que nous y avons rencontrés.

A quelques mètres plus haut, près de cette grotte, il en existe une autre dont l'entrée est naturelle et plus grande que celle de la première ; elle ne paraît pas avoir été retouchée.

Cette caverne se compose d'un couloir large de 2 mètres, long de 5 à 6 mètres, et dont le remplissage, de plusieurs mètres d'épaisseur, rend le plafond très-bas, ce qui empêche de pouvoir se tenir debout. Ce couloir communique à une galerie souterraine qui a plus de 30 mètres de long, et dans laquelle on peut se tenir debout et circuler tout à son aise dans une infinité de couloirs latéraux et verticaux, dont la perforation par les eaux est un des spécimens de ce genre de travail les plus curieux que je connaisse.

Il n'est personne qui, à l'aspect de ce couloir bas et étroit, puisse soupçonner qu'il sert d'antichambre à des cavernes si vastes et si curieuses, d'autant plus qu'il faut presque deviner le passage qui y conduit de ce couloir. Pour le traverser, il faut se coucher à plat ventre sur le sol et se laisser glisser à reculons, sans savoir où l'on va. Dans cette caverne existent des couches de brèches calcaires remplies de charbons et d'ossements, recouvertes de stalagmites, et qui ont été brisées et coupées de main d'homme, à une époque qu'il est difficile de déterminer, pour débarrasser le passage qu'elles obstruaient en certains endroits. M. Meillet et moi nous y avons trouvé des silex taillés, des fragments de poteries celtiques parfaitement caractérisées, et des ossements, les uns brisés, les autres entiers.

J'ai trouvé de ces objets dans la terre meuble que l'on rencontre dans toutes les parties de la caverne; j'en ai recueilli d'autres parmi des pierrailles amoncelées en différents endroits par main d'homme.

Maintenant ces silex taillés et ces poteries celtiques ont-ils été laissés là à une époque antérieure au remplissage du couloir et à la formation des brèches ? Ce serait mon avis, et c'est ce que la formation même de cette brèche semblerait annoncer. Appartiendraient-ils à ceux qui s'y seraient retirés postérieurement et qui auraient brisé ces brèches ? Je ne le pense pas.

Cette caverne mériterait d'être fouillée avec soin; je suis convaincu qu'elle doit contenir des choses intéressantes.

RÉFLEXIONS ET CONCLUSIONS.

« Au commencement de l'époque *quaternaire* de l'histoire de notre globe, les mers avaient pris leurs limites respectives; la croûte terrestre s'était solidifiée, la température était d'une sérénité parfaite; une végétation luxuriante ornait le sol, et une multitude d'animaux peuplaient les eaux, les airs et la terre (1). »

C'est à cette époque géologique que M. Figuier fixe les déluges de l'Europe, l'époque glaciaire et le déluge asiatique, cataclysmes qui, suivant lui, furent tous partiels et locaux, et non complétement universels.

C'est également à cette époque que l'homme semble apparaître pour la première fois parmi les êtres déjà créés. Le même géologue place cette apparition après les déluges européens et la période glaciaire, mais avant le déluge asiatique.

Nous demandons pourquoi, la terre étant propre à recevoir l'homme dès la fin de l'époque *tertiaire,* on admet que certaines espèces d'animaux de l'époque *quaternaire* sont antérieures à l'existence de l'homme, et qu'elles ont été détruites par les cataclysmes d'Europe, quand on trouve des débris de l'homme ou des preuves irrécusables de son industrie, mêlés avec les ossements de ces races éteintes, et cela dans des terrains de transport parfaitement reconnus comme étant dus au même cataclysme.

Pourquoi, je le répète, l'homme n'aurait-il pas existé dès la première période de l'époque quaternaire, puisque la terre, son climat, sa végétation, étaient propres à son existence et à celle de ces mêmes animaux, dont nous voyons encore aujourd'hui les espèces sur nos continents?

Personne ne nie le déluge de Noé, au contraire, tout le confirme, et les traditions et les faits géologiques. Mais s'il nous dit à peu près l'âge des sociétés qui lui sont postérieures, il ne nous dit rien de celui qu'avait le genre humain quand Dieu voulut le punir de ses désordres.

(1) Figuier, *la Terre avant le déluge.*

Le premier déluge du nord de l'Europe, appelé par quelques géologues *déluge universel*, paraît avoir été occasionné par le soulèvement des montagnes de Norwége (1). Ce seraient ces courants impétueux qui auraient charrié du nord-ouest au sud-est de l'Europe les blocs erratiques dont nous retrouvons quelques échantillons dans nos contrées, notamment en Poitou, dans les vallées du Clain et de la Vienne.

Ce déluge serait antérieur au cataclysme asiatique, qu'on attribue au soulèvement d'une partie de la longue chaîne de montagnes qui fait suite au Caucase, et dont Moïse nous a conservé la tradition. D'après quelques savants, l'homme n'existait pas lors de ce grand bouleversement du nord de l'Europe, qui aurait détruit tous les animaux d'espèces perdues. La race humaine semble n'être apparue dans nos climats que très-peu de temps après ces grands désastres et longtemps avant les cataclysmes partiels et locaux postdiluviens. Mais depuis qu'on a trouvé dans la caverne de Bize, près de Narbonne; dans celles de Maëstricht, en Belgique, et dans un grand nombre d'autres cavernes de France, des ossements humains mêlés à des débris de poteries, à des aiguilles en os et à des fossiles appartenant à des mammifères d'espèces perdues, on a pensé que ces débris devaient avoir une origine contemporaine, et que l'homme existait quand tous ces grands mammifères peuplaient la terre, et par conséquent qu'il était antérieur au soulèvement de la chaîne principale des Alpes, qui a causé le second déluge européen, dont les torrents ont balayé le sol de nos continents et l'ont recouvert d'une couche de sable, de cailloux et de vase, détruisant cette multitude d'animaux carnassiers et herbivores dont les ossements se trouvent enfouis aujour-

(1) Figuier, *la Terre avant le déluge.*

d'hui dans les sables de nos vallées, dans les fentes des rochers, ou entassés par les hommes dans les cavernes avec des cailloux roulés, du limon et souvent des matières calcaires (1).

Si l'on reconnaît : 1° que le déluge asiatique est postérieur aux deux cataclysmes européens ;

2° Que ce déluge a été *partiel* et non *universel*, comme le dit le livre de Moïse (2) ;

3° Que l'homme existait longtemps avant ce cataclysme ;

4° Que l'on ne connaît point de déluge partiel postérieur à ceux de l'Europe et à celui de l'Asie ; on doit en déduire, selon moi, que les effets du déluge biblique ayant été nuls sur nos continents d'Europe, la destruction des hommes et des animaux qui les habitaient, et dont nous retrouvons les restes dans les tourbières de la Somme et dans les cavernes explorées jusqu'à présent en France, appartiennent au second déluge européen causé par le soulèvement des Alpes.

Partant de là, qu'est-ce qui peut prouver que les descendants d'Adam n'ont pas peuplé nos continents avant les premiers cataclysmes qui les ont ravagés, et puisque ces déluges, quoique beaucoup plus terribles que le dernier, n'ont pas été complétement universels, qu'ils ont eu lieu, particulièrement le premier, dans le nord de l'Europe ? « Partant de la Scandi-
» navie, le flot s'étendit et porta ses ravages dans les régions
» qui forment aujourd'hui la Suède et la Norwége, la Russie

(1) O. Giraudet, *Traité de géologie.*

(2) Marcel de Serres, dans sa *Cosmogonie* de Moïse, fait remarquer que le mot hébreu *haarets*, traduit par *toute la terre*, est pris souvent dans le sens restreint de *région, pays, contrée* ; en outre, M. l'abbé Glaire, professeur à la Faculté de théologie de Paris, auteur d'une *Chrestomathie hébraïque*, y a traduit de la manière suivante l'article relatif au déluge : « Les eaux s'étaient » si prodigieusement accrues, que les plus hautes montagnes du *vaste horizon* » en furent couvertes. »

» d'Europe et le nord de l'Allemagne (1). » Le second « a » rempli de débris et de terrain meuble toutes les vallées de » la France, de l'Allemagne, de l'Italie, dans une circonfé- » rence ayant pour centre les Alpes. »

Pourquoi, dis-je, les peuples et les différentes espèces d'animaux qui peuplaient alors l'Asie, l'Afrique ou l'Amérique, ayant été préservés de ces destructions presque générales des êtres vivants en Europe, n'auraient-ils pas été les auteurs des générations qui plus tard repeuplèrent nos contrées et qui furent, à leur tour, en partie englouties par le déluge de Moïse ?

Il me semble que ces suppositions sont tout aussi admissibles que l'idée de M. Boucher de Perthes, qui considère Adam et sa postérité provenant d'une seconde création, après l'anéantissement complet d'une première race qui n'aurait laissé aucun représentant sur notre globe (2).

Nous admettrions plutôt : 1° que le type antédiluvien de toute la terre, type depuis anéanti en partie par les déluges d'Europe, et qui fut contemporain des espèces perdues dont nous retrouvons les débris fossiles, doit être celui d'Adam, dont le berceau fut l'Asie ;

2° Que le type postdiluvien est encore celui d'Adam, représenté par Noé, témoin du déluge biblique, et celui duquel descendent toutes les races qui ont couvert le monde et le couvrent aujourd'hui.

Cette supposition se trouve assez d'accord avec la cosmogonie hébraïque, indiquant « avant le déluge la race d'Adam, et après le déluge celle de Noé, dont les trois fils, Sem, Cham et Japhet, eurent mission de repeupler la terre.

(1) Figuier, *la Terre avant le déluge.*

(2) *Antiquités celtiques et antédiluviennes*, par M. Boucher de Perthes, année 1849.

» Sem et sa postérité occupèrent l'Asie orientale ; Cham et la sienne peuplèrent l'Arabie, l'Egypte et les autres régions africaines ; tandis que les enfants de Japhet s'étendirent dans l'Asie occidentale et l'Europe. Ceci est d'accord avec les souvenirs de presque tous les peuples ; les noms seuls ont subi quelques altérations.

» Si nous passons aux probabilités modernes, les races mongoles peuvent descendre de Sem ; les Éthiopiennes, de Cham ; Japhet serait le père des races caucasiques, auxquelles appartenaient les Celtes, les Goths et les Kymris originaires de la Chersonèse Taurique, dont quelques auteurs font sortir les Gaulois et les Francs, nos ancêtres (1). »

— J'ai observé, dans les cavernes que j'ai fouillées, que les ossements qu'elles contenaient étaient tantôt disséminés dans le limon et le gravier, comme à Lussac-les-Châteaux, tantôt disposés par couches ou amas séparés par des limons qui n'en contenaient pas, comme dans la caverne *des Cantes*, près Charroux, et celles du Chaffaud, près Savigné ; de plus, j'ai très-rarement trouvé des os entiers, à moins qu'ils ne fussent de très-petite dimension. Tous, quoique appartenant à des espèces différentes, étaient indistinctement mêlés. Aucun d'eux ne m'a semblé avoir été roulé et usé par le frottement. En examinant la surface de quelques-uns de ces os, on remarque qu'elle est généralement fendillée, comme s'ils eussent été longtemps exposés à l'air après avoir été privés de leur chair. Leurs cassures sont toutes si intactes, si vives, même dans les parties les plus délicates, les plus aiguës, que l'on ne peut pas admettre qu'ils aient été roulés et charriés dans ces grottes par des eaux courantes et torrentielles,

(1) *Antiquités celtiques et anté-diluviennes*, par M. Boucher de Perthes, année 1849, note 3.

entraînant non-seulement des limons, des sables, des graviers, mais encore des galets de toutes les dimensions, des arbres et des blocs de rochers qui, s'entre-choquant les uns les autres, eussent brisé et pulvérisé ces os, ou tout au moins émoussé leurs angles et leurs arêtes, lesquels sont aussi nets que s'ils venaient d'être faits.

Cette étude sérieuse me prouve donc que les trois quarts des os brisés enfouis dans le sol des cavernes y existaient déjà à cet état avant que les eaux ne vinssent les y recouvrir de leur limon. Quelques-uns, d'une époque antérieure à l'occupation de ces grottes par l'homme, peuvent y avoir été introduits par les animaux carnassiers, qui naturellement devaient s'y retirer pour dévorer leur proie. Ceci m'explique les ossements rongés que j'y ai rencontrés. Mais la plus grande partie de ces débris appartient à des animaux dont l'homme, après avoir mangé la chair, a pu briser les os pour en faire des armes et des outils dont il avait constamment besoin.

Enfin ce qui pour moi est une preuve convaincante de l'apport de ces os dans les cavernes par les hommes ou les animaux, c'est qu'il est de ces grottes dont la mauvaise orientation, celles situées au nord, par exemple, l'humidité, et plus encore la situation dans des lieux inaccessibles aux animaux comme aux hommes, ne contiennent ni silex taillés, ni poteries, ni os, brisés ou entiers, appartenant aux races éteintes dont les vestiges se retrouvent dans le remplissage des autres cavernes dû aux mêmes alluvions.

Je vais citer un exemple frappant de ce que j'avance.

Aux environs de Poitiers, près de St-Benoît, dans la vallée du Clain, de chaque côté du chemin de fer de Paris à Bordeaux, il existe plusieurs cavernes creusées dans le contrefort de Mauroc, dont une surtout, appelée grotte de *Passe-*

Lourdin, citée par Rabelais, était célèbre autrefois parmi les écoliers de l'Université de Poitiers.

L'entrée de cette caverne est située à plus de 15 mètres au-dessus du niveau de la prairie, dans une falaise à pic. Pour y accéder, il faut arriver par le haut du coteau, suivre un sentier également à pic, situé à la même hauteur que cette caverne, large de 50 à 60 centimètres, long de plus de 10 mètres, et taillé en partie de main d'homme, à une époque très-récente, dans un de ces larges sillons horizontaux qui se remarquent généralement sur les parois des roches, et que quelques géologues attribuent à l'érosion des eaux. Ce sentier est tellement étroit, que personne ne peut le franchir sans danger, même eût-il le pied sûr et la tête solide. Avant que ce passage ne fût rendu praticable par le travail humain, cette caverne n'était donc accessible qu'aux oiseaux, et il était impossible aux autres animaux ou aux hommes d'y aller; et cependant il est peu de cavernes réunissant toutes les conditions hygiéniques désirables comme celle-ci. Son entrée, devant laquelle se trouve une esplanade, est située en plein midi, son intérieur est vaste et parfaitement sain. Jamais caverne n'a été mieux disposée pour être habitée; comment donc expliquer cette absence complète d'ossements et de débris de l'industrie humaine dans son limon argileux que nous avons fouillé, M. Meillet et moi, et qui est l'analogue de celui des autres cavernes voisines, contenant des ossements et des silex? A un mètre de profondeur, nous avons trouvé une couche de stalagmite parfaitement intacte; mais nous n'avons vu, ni dessus ni dessous, le plus petit fragment d'os. On remarque, dans certaines parties de la roche, des brèches calcaires; mais on n'y aperçoit pas le plus mince débris d'ossement. A droite et tout près de cette caverne, il en existe deux autres plus petites, dont une est très-habitable. On ne peut y aller que de la première caverne et par un sentier aussi périlleux que le précédent. Elles ne contiennent ni os, ni silex, et n'ont même que peu de limon.

A gauche de cette caverne, de l'autre côté du chemin de fer, en allant à Poitiers, dans la même falaise, à peu près à la même hauteur, on trouve trois autres grottes assez vastes pour être habitées, et, malgré l'escarpement du coteau, on y arrive sans aucun danger. Nous avons fait donner quelques coups de pioche dans ces cavernes, et nous avons trouvé dans l'une d'elles des silex taillés de main d'homme et des ossements empâtés dans une brèche.

L'autre caverne contenait également quelques ossements qui m'ont paru peu anciens; sur un bloc de rocher placé à l'entrée, on lit une inscription gravée en caractères romains et ainsi conçue : HIC AMICE FELICITAS. Puis au fond de la grotte on voit une petite croix taillée sur la paroi du rocher. Etait-ce l'humble réduit de quelque pieux solitaire? c'est croyable.

La troisième caverne, ayant été habitée très-récemment, a été complétement vidée.

Je demande pourquoi, sur quatre de ces grottes situées à la même hauteur, au même orient, les unes près des autres, contenant toutes des terrains laissés par le même cataclysme, il ne se trouve ni os, ni silex dans les deux qui sont inaccessibles, tandis que dans celles qui sont à côté, dont l'accès est très-facile et dont le limon est le même, on trouve des ossements et des silex?

N'est-ce pas là preuve la plus convaincante que les ossements trouvés dans les cavernes n'y ont été introduits que par les hommes ou les animaux qui les ont habitées, et que ce ne peut être que très-exceptionnellement que leur transport doit être attribué aux eaux? En effet, il faudrait que ces torrents en eussent charrié autant que de sables, de graviers, pour pouvoir faire des dépôts aussi considérables dans les cavernes; et en eussent-ils entraîné une aussi grande quantité, on aurait encore de la peine à s'expliquer comment ces ossements seraient justement venus se loger dans ces enfractuosités. On s'explique plus facilement le remplissage des grottes souterraines, comme celles de Lhommaizé ou de Verrières; les eaux qui balayaient le sol, trouvant des cavités dont l'orifice s'ouvrait devant elles, ont pu s'y engouffrer et y précipiter quelques ossements avec les sables et les graviers qu'elles entraînaient; mais encore je crois que ceux qui s'y trouvent y avaient déjà été déposés par d'autres causes. Enfin, si les eaux eussent charrié une si grande quantité d'ossements, au point d'en remplir toutes les cavernes, on devrait en retrouver bien davantage encore dans le diluvium des vallées, où ils sont fort rares.

De chaque côté de Poitiers, dans la vallée du Clain, près de St-Benoît et près de la Folie, existent d'immenses sablières dans lesquelles se trouve une quantité extraordinaire de cailloux roulés, de silex, de blocs erratiques en granit, en porphyre ou en calcaire, dont quelques-uns dépassent plus d'un mètre de hauteur et de largeur. Dans ces sables, on a trouvé quelques ossements; à la Folie surtout, on a recueilli des bois de cerf et de daim, une molaire d'éléphant adhérant encore à une portion de la mâchoire, un fémur et une portion de défense d'un animal de même espèce. Dans les sablières de St-Benoît, on a recueilli une portion de mâchoire, une dent, un humérus et un os sacrum, qu'on suppose avoir appartenu à un hippopotame. Presque tous ces débris de l'ancien monde ont été déposés au musée de la ville de Poitiers.

Mais les ossements sont très-rares dans ces dépôts, en

comparaison des masses compactes de graviers et de galets que l'on y rencontre. Je possède quelques fragments d'os brisés que j'y ai trouvés ; ils sont arrondis sur toutes les faces ; leurs cassures même sont mousses et n'ont pas la moindre ressemblance avec celles des os des cavernes, qui sont vives et intactes, comme si elles n'étaient faites que d'hier.

Parmi ces cailloux roulés, j'ai trouvé des silex taillés en pointe de flèche, d'autres qui ont dû servir de hache ou de casse-tête, et dont le travail humain est incontestable. M. Meillet en possède également quelques échantillons fort remarquables qu'il a recueillis en place ; leur gisement est fort curieux. Eh ! pourquoi ne trouverait-on pas ces objets à la Folie et à St-Benoît, comme à Abbeville et à Moulin-Quignon ? Les hommes antédiluviens ne sont plus une fiction, des fantômes ; ils ont très-certainement existé ici comme ailleurs, et tôt ou tard les plus rebelles à cette idée seront forcés de s'avouer vaincus, car le jour de leur défaite a sonné.

— Des observations précédentes on peut donc conclure ceci : toutes les cavernes n'ont pas été habitées, non-seulement par les hommes, mais même par les animaux. En thèse générale, on ne trouve et on ne trouvera des ossements anciens et des débris de l'industrie humaine que dans les cavernes d'une époque géologique ancienne, situées au sud, près de fontaines ou de cours d'eau, ayant leurs parois parfaitement sèches, une large entrée, et généralement situées dans des lieux accessibles, à une assez grande élévation au-dessus du niveau des prairies. Toutes les grottes situées au nord, humides, inaccessibles aux hommes et aux animaux, ne contiennent dans leur limon ni ossements anciens, ni poteries, ni silex taillés, rien enfin qui annonce qu'elles aient servi de refuges aux hommes ou de tanières aux bêtes.

L'autre conclusion est que les ossements d'animaux d'espèces perdues ou même encore vivantes, que l'on rencontre dans les cavernes, y ont été généralement transportés, non par les eaux diluviennes, ainsi que l'ont cru et que le croient encore beaucoup de géologues, mais par les animaux d'abord, qui s'y sont retirés les premiers, et par les hommes ensuite, qui les ont habitées pendant plus ou moins de temps avant et après le déluge.

—Pour moi, l'étude sérieuse que j'ai faite des nombreuses cavernes que j'ai fouillées, et la présence dans ces cavités d'ossements humains et des produits de l'industrie humaine, mêlés à des fragments innombrables d'ossements appartenant à des espèces dont une grande partie n'existe plus dans les contrées où se trouvent situées ces mêmes cavernes, doivent nécessairement amener, dans ces mêmes régions, les conclusions suivantes : 1° les hommes ont généralement habité ces cavernes plus ou moins longtemps avant le dernier cataclysme qui les a remplies de limon, et qui paraît avoir été occasionné par le soulèvement des Alpes.

2° Ils ont été contemporains des mammifères d'espèces perdues dans nos contrées, dont nous retrouvons les ossements non-seulement mêlés aux débris de l'industrie humaine, mais encore portant eux-mêmes les traces du travail de l'homme.

Je considère cette époque comme la période la plus primitive de l'âge de pierre.

De plus, cette contemporanéité de l'espèce humaine et des mammifères de races éteintes dans les pays qui depuis ont formé la Gaule doit remonter aux temps antéhistoriques les plus reculés, c'est-à-dire à l'établissement de ces premières colonies qui ont émigré de l'Asie sur nos continents d'Europe, avant le cataclysme qui les a anéanties.

3° Postérieurement à ce cataclysme, d'autres peuples sont venus habiter de nouveau les cavernes d'Europe, où ils ont également laissé des souvenirs de leur séjour. C'est à ces peuples que doivent appartenir les haches polies trouvées dans la couche supérieure des cavernes du Chaffaud. C'est encore à eux que doit être attribuée l'érection des monuments dits celtiques ; et les haches polies, les flèches, les poteries, trouvées dans les sépultures de Brioux, sous les dolmens d'Arlait, de Vilaigue, de la Plaine, et dans la caverne de Chauvigny, sont bien les sœurs de celles trouvées au Chaffaud.

Cette époque est pour moi la seconde période de l'âge de pierre, celle qui a dû précéder l'âge de bronze.

4° Tous ces peuples savaient individuellement fabriquer les armes et les outils dont ils avaient besoin. Les noyaux et les éclats de silex, les os cassés en pointe et portant des traces d'un travail quelconque, que l'on trouve dans toutes les cavernes qui ont été habitées par l'homme, en sont des preuves irrécusables.

5° Non-seulement les espèces animales éteintes ont été contemporaines de l'homme, mais encore elles ont dû précéder depuis longtemps, dans nos contrées, l'arrivée de ces premières tribus sauvages auxquelles leur chair a servi de nourriture et leurs os d'armes et d'outils.

On ne peut guère admettre que les mammifères dont nous retrouvons les ossements dans les cavernes n'aient été détruits, par des causes plus ou moins lentes, plus ou moins naturelles, que depuis les temps historiques seulement ; car les Gaulois et les peuples qui les ont précédés après le cataclysme n'auraient certes pas chassé aux lions, aux tigres, aux hyènes, aux éléphants, aux rhinocéros, sans qu'ils eussent élevé des trophées dont quelques débris se retrouveraient aujourd'hui dans leurs sépultures, et sans que des traditions écrites par des auteurs de l'antiquité, ou par le conquérant des Gaules, ne nous eussent conservé le souvenir de ces victoires cynégétiques, ou constaté au moins la contemporanéité de ces animaux et des peuples qui habitaient les Gaules.

César, dans ses Commentaires, livre VI, parle d'animaux extraordinaires qui peuplaient la forêt Noire, connue aussi sous le nom de forêt *Hercynienne* ou d'*Orcinie*, et qui commençait aux frontières de la Suisse, de Spire et de Bâle, et s'étendait le long du Danube jusqu'aux confins des Daces et de la Transylvanie, couvrant encore des contrées éloignées de ce fleuve. Il cite une espèce de bœuf ressemblant au cerf, qui avait au milieu du front une corne droite et longue, dont le haut se partageait en plusieurs branches comme une palme. Cet animal, de même que les suivants, me semble un peu imaginaire. D'autres étaient connus sous le nom d'élans; ils avaient la figure d'une chèvre, la peau mouchetée; ils étaient privés de cornes à la tête, et leurs jambes n'avaient point de jointures, de sorte qu'ils ne pouvaient ni se coucher ni se lever quand ils étaient tombés.

Une troisième espèce était celle des taureaux sauvages, animaux farouches, d'une grande force et d'une grande agilité, n'épargnant ni hommes ni bêtes, lorsqu'ils les apercevaient; mais il n'est question ni de lions, ni de tigres, ni d'hyènes, ni d'éléphants, ni de rhinocéros, d'aucuns de ces animaux enfin qui devaient être plus redoutables encore que les bêtes fantastiques de la forêt Hercynienne.

Il faut donc en conclure que la disparition de ces espèces était au moins antérieure à l'établissement des premières sociétés des temps historiques dans l'Europe occidentale, et que les causes qui l'ont produite doivent être attribuées au dernier cataclysme européen.

—Le mélange, dans les cavernes, d'objets romains et du moyen âge avec ceux des temps celtiques n'a rien d'extraordinaire, et ne saurait détruire l'authenticité des derniers. Presque toutes les grottes, à toutes les époques, ont été habitées momentanément ou utilisées par les habitants des localités voisines où elles sont situées. Plusieurs ont servi de sépultures depuis les temps historiques les plus anciens jusqu'aux temps modernes; aussi ai-je trouvé, dans beaucoup d'elles, depuis les silex antédiluviens jusqu'aux liards du XVIIIe siècle. Pour moi, ce mélange ne détruit aucunement l'âge des silex taillés, mais il m'explique parfaitement les bouleversements ou les remaniements successifs et souvent très-superficiels du dépôt des grottes.

Les cavernes où se trouvent des objets d'âges si différents sont ordinairement situées près de centres d'habitations qui ont été pour elles les causes de fréquentes visites; mais il en est d'autres creusées dans des lieux sauvages et éloignés, qui ne contiennent absolument que leur dépôt celtique et où l'on ne rencontre rien d'un âge postérieur.

— Ces peuples nomades antédiluviens, chasseurs et pêcheurs, ne devaient pas prendre la peine de construire des habitations, car les outils en os et en pierre dont ils disposaient devaient nécessairement s'y opposer. De plus, ils ne devaient guère quitter les immenses forêts où ils trouvaient le gibier et les animaux dont ils vivaient, un abri naturel contre le froid ou la chaleur; et les cavernes se trouvant situées dans les vallées, sur le bord des rivières ou près des fontaines, dont ils ne s'éloignaient jamais, leur offraient des habitations trop avantageuses pour qu'ils n'en profitassent pas.

Aussi suis-je convaincu que ce n'est pas dans les glaciers ou dans les entrailles de la terre, comme le pense M. Boucher de Perthes, que l'on peut retrouver l'homme antédiluvien, mais plutôt dans les cavernes, qui furent très-certainement les premiers lieux où les hommes cherchèrent un refuge contre les intempéries des saisons et les attaques continuelles des animaux féroces qu'ils avaient à combattre. Ces peuples primitifs ne devaient pas s'occuper d'agriculture, et la chasse, la pêche, la guerre, les moyens de défense et de sécurité personnelles contre des périls incessants devaient seuls occuper les instants de leur vie sauvage.

— Ce qui pourrait expliquer, dans le dépôt diluvien des cavernes, la rareté des ossements humains, en comparaison de l'abondance de ceux des animaux de toute espèce que l'on y trouve, ce sont les raisons que voici : l'homme voyant le danger imminent, et craignant que sa retraite ne fût atteinte par les eaux, a dû nécessairement fuir vers un lieu élevé, pour chercher un refuge contre le flot envahisseur. Mais c'était en vain : il devait périr, et ses restes ont été charriés et dispersés pour ne plus reparaître, car, à la surface du sol, tout organisme se décompose, au lieu de se conserver.

Les ossements humains que l'on rencontre dans les grottes sont donc probablement ceux de personnes malades, ou déjà mortes, ou enfin qui auront été surprises avant de pouvoir fuir l'élément destructeur.

Les animaux, au contraire, chassés de leurs pâturages par l'irruption des eaux, se sont réunis en troupeaux et, épouvantés, ils ont pu chercher un abri dans les cavités des rochers, où le torrent les a noyés et recouverts de limon.

Mais, comme presque tous ces ossements sont brisés en éclats, on ne peut guère admettre cette raison ; car si les animaux s'y fussent retirés vivants, leurs squelettes se retrouveraient entiers dans le sol des cavernes.

Y ont-ils été trouvés ainsi par les hommes qui les premiers s'y sont réfugiés, et qui les auront brisés comme nous les voyons aujourd'hui, pour en faire des armes ou des outils? Je ne le crois pas.

Y ont-ils été transportés par les animaux carnassiers qui s'y retiraient, à une époque antérieure à l'apparition de l'homme, pour dévorer leur proie? Ceci paraîtrait prouvé par quelques os rongés que l'on y remarque; mais cependant, si c'était là la cause unique de leur transport, ils seraient plus généralement rongés qu'ils ne le sont.

Y ont-ils été déposés brisés par les courants des eaux? Non, pas plus que les silex taillés et les os travaillés n'y ont été entraînés, car il aurait fallu que ces eaux en eussent charrié des quantités considérables, ce qui n'a pu être, pour qu'ils soient venus justement se jeter dans ces cavernes. Je l'ai dit plus haut, et je le répète, ceci est tout au plus admissible pour certaines grottes fermées, dans lesquelles le remplissage a eu lieu par des canaux ou conduits aujourd'hui bouchés, comme ceux de Lhommaizé et de Verrières.

Pour moi, ces ossements proviennent tout simplement des animaux dont les hommes qui habitaient ces lieux se nourrissaient. Ils les ont brisés pour les utiliser, ainsi que nous le prouvent les curieux échantillons, à tous les degrés de travail, que nous avons recueillis.

Je le dis encore, l'homme a pu fuir, mais les preuves de son existence, de son séjour prolongé, sont restées sur le sol, et les poteries, les silex sont plus que suffisants pour l'attester.

— Le nombre des cavernes où l'on a déjà trouvé des ossements humains, ou des débris de l'industrie humaine, mêlés à ceux des mammifères d'espèces perdues dans les contrées où sont situées ces cavernes, est très-considérable. En France surtout, il en est de fort remarquables, et celles que nous décrivons dans ce mémoire ne sont pas les moins curieuses et les moins riches en souvenirs de l'ancien monde.

Voici l'indication sommaire de quelques-unes des principales grottes qui ont déjà été signalées :

Les cavernes de Chokier et de Fond-de-Forêt, etc., en Belgique, décrites par M. Schmerling, contenaient des ossements de bois de cerf travaillés et des silex taillés en couteaux et en pointes de flèches, mêlés dans le limon et le gravier avec les ossements des grands mammifères, tels que l'éléphant, le rhinocéros, l'hyène, etc.

Celles du Quercy et du Périgord, qui ont été décrites par MM. Delpon et Jouanet, ont offert des preuves incontestables du travail et du séjour des anciennes tribus sauvages qui ont habité cette contrée.

Quelques-unes de ces grottes étaient fortifiées à leur entrée par des blocs de rochers accumulés ou entassés, comme à la caverne de Jioux, près de Chauvigny.

En Périgord, il existe beaucoup de ces grottes dans lesquelles on a trouvé des preuves du séjour de l'homme ; on peut citer celles de Domme, de la Forêt-de-Drouilh, de Cadouin, de Vitrac, de Born, de la Combe-Grenant, d'Ecorne-Bœuf, de Terrasson, du Puy-de-l'Ase, contenant toutes des silex taillés en armes et mêlés de nombreux ossements de mammifères.

On a trouvé des objets analogues dans plusieurs cavernes de la vallée de la Dordogne. La plupart des grottes du Quercy présentent les mêmes vestiges du séjour des premières populations qui ont habité le pays à une époque inconnue.

Dans la caverne de Bize (Languedoc), on a trouvé des ossements humains au même état d'altération que ceux des autres espèces de mammifères, des poteries grossières, des ossements de cerf et de cheval travaillés de la main de l'homme : tous ces objets étaient disséminés dans le limon de la caverne ; quelques-uns se trouvaient empâtés dans les brèches et étaient adhérents aux parois de la roche.

Les grottes de Pondres et de Souvignargues, canton de Sommières, département du Gard, décrites par M. de Christol, offrent à peu près les mêmes faits que ceux des précédentes.

Celles de Mialet et de Durfort, dans la même contrée, décrites par MM. Teissier et par M. Buchet, d'Anduze, contenaient des ossements humains, des ossements de mammifères, des silex taillés de main d'homme et des objets d'art de l'époque romaine.

On a cru reconnaître dans les crânes humains trouvés dans quelques-unes de ces grottes des représentants de la race caucasique et de celle des Cafres (caverne de Mialet, en Belgique). Dans celle d'Angis (Belgique), on a cru reconnaître le type africain.

Dernièrement, M. Boutin, dans une note présentée à l'Académie des sciences par M. de Quatrefages, a signalé des silex taillés dans les cavernes de Ganges, et de nombreuses grottes situées sur les bords de l'Hérault. Les plus remarquables sont celles appelées la *Grotte-des-Demoiselles* et la *Grotte-de-Laroque*. Ces cavernes ont été habitées par les hommes, et on y rencontre des ossements, des cendres, du charbon, des silex taillés, les uns en forme allongée, les autres de forme circulaire, à bords tranchants.

M. Husson fils, dans une note adressée, le 18 octobre dernier, à l'Académie des sciences, a signalé la découverte faite par lui d'une fissure dans le coteau de la *Tranche*, appelé *Trou-des-Celtes*, et contenant sous une couche de stalagmite un mélange de diluvium et de vases dans lequel étaient des silex taillés, des ossements humains et des objets d'une époque postérieure, qui ont pu s'y introduire par suite de quelque remaniement plus ou moins ancien.

Dans sa séance du 21 décembre dernier, l'Académie des sciences recevait encore une communication fort intéressante faite par M. de Quatrefages, au nom de MM. Garrigou, Louis Martin et Eugène Trutat, concernant les recherches faites par ces savants dans la caverne de Bruniquel (Tarn-et-Garonne).

Voici comment s'exprime le journal la *Presse* dans son numéro du 23 décembre 1863 :

« ..... Ces recherches ont fourni de nouvelles et très-importantes confirmations, pour la question de la contemporanéité de l'homme et des espèces animales éteintes.

» Une tranchée de trois mètres de profondeur, pratiquée dans cette caverne décrite pour la première fois, en 1848, par M. de Boucherporn, a fait découvrir des ossements en grand nombre répandus dans toute l'épaisseur du sol exploré. Tous ces os sont brisés. On a pu, en les déterminant, reconnaître les espèces auxquelles ils appartiennent, et qui sont : le renne, le *cervus elaphus*, l'antilope, le *bos primigenius*, etc., etc. Parmi ces os, on a d'abord trouvé des traces évidentes du passage de l'homme : ainsi des charbons indiquant un foyer, des os, des bois de renne et de cerf taillés en pointes de flèches, en poinçons, des silex taillés, etc., etc.

» Mais ce qui est encore plus important, c'est que, parmi

» tous ces objets, on a découvert deux moitiés de mâchoires » humaines et un fragment de crâne. Ces mâchoires présen- » tent tous les caractères ostéologiques de celles qui ont » été déjà trouvées ailleurs dans des cavernes et dans le » terrain de Moulin-Quignon. Ajoutons que ces fragments » étaient situés dans des couches argileuses supportant une » brèche osseuse de 1 m. 40 cent. d'épaisseur, recouverte » par une couche de stalagmite de 48 cent. d'épaisseur, ce » qui exclut tout à fait l'idée d'un transport pendant l'épo- » que géologique moderne. »

Plus récemment encore, M. Milne Edwards, dans la séance du 29 février 1864, mettait sous les yeux de l'Académie des sciences une lettre de M. Lartet, accompagnée de quelques-unes des pièces remarquables découvertes par ce savant et zélé explorateur et par M. Christy, membre de la Société géologique de Londres, dans deux cavernes de l'arrondissement de Sarlat (Dordogne).

La première de ces cavernes est celle des *Eyzies*, commune de Tayac ; son ouverture est située à 35 m. au-dessus du niveau du cours d'eau le plus voisin, la Beune. Elle contenait une brèche recouvrant le sol en plancher continu, dans laquelle était « un amalgame d'os fragmentés, de cendres, » de débris de charbon, d'éclats et de lames de silex taillés » sur des plans divers, mais toujours dans des formes dé- » finies et souvent répétées, avec une association d'autres » outils et armes travaillés en os ou bois de renne. Tout » cela avait dû être saisi et consolidé en brèche dans l'état » originel du dépôt, et avant tous les remaniements, puisque » des séries de plusieurs vertèbres de renne et des assem- » blages d'articulations à pièces multiples se trouvent main- » tenus et conservés exactement dans leurs connexions ana- » tomiques ; les os longs et à cavités médullaires sont seuls

» détachés et fendus ou cassés dans un plan uniforme, » c'est-à-dire évidemment à l'intention d'en extraire la » moelle (1). »

Sur deux plaques d'une roche schistoïde, ces messieurs ont pu reconnaître « des représentations partielles de formes » animales gravées de profil, et qui peuvent se rapporter » au genre quadrupède (2). »

Ils ont trouvé quelques dents isolées du cerf gigantesque d'Irlande (*megaceros hibernicus*) et des lames détachées de molaires d'éléphant (*E. primigenius*).

Dans la caverne de *Laugerie-Haute*, ces savants ont recueilli beaucoup de silex taillés en pointes de lances, et les nombreux débris qu'ils y ont remarqués font supposer que ce lieu a servi d'atelier de fabrication d'armes en pierre.

Dans la caverne de *Laugerie-Basse*, située près de la précédente, sur les bords de la Vezère, ces explorateurs ont rencontré une telle quantité d'armes et d'outils en bois de renne, qu'il est supposable que ce lieu, de même que celui de Laugerie-Haute, a servi d'atelier pour fabriquer ces outils.

Parmi les différents objets trouvés par ces messieurs, et qu'ils ont l'intention de soumettre à l'Académie des sciences, on remarque des flèches et des harpons barbelés, dont quelques-uns sont ornés de sculptures élégantes; des aiguilles en bois de renne, pointues à une extrémité et percées à l'autre d'un chas destiné à recevoir un fil. D'autres outils, relevés

(1) Sur de nouvelles observations de MM. Lartet et Christy, relatives à l'existence de l'homme dans le centre de la France, à une époque où cette contrée était habitée par le renne et d'autres animaux qui n'y vivent pas de nos jours, par M. Milne Edwards.

Extrait des comptes rendus de la séance de l'Académie des sciences, t. LVIII, séance du 29 février 1864.

(2) Idem.

à leur extrémité de crans émoussés, sembleraient avoir été destinés à la fabrication des filets. Des dents de loup et de bœuf, percées de main d'homme, ont pu servir d'ornement ; enfin des sifflets d'appel faits avec des phalanges de renne et de chamois prouvent que cet instrument était en usage chez ces peuples chasseurs.

Ces messieurs ont encore remarqué sur des bois de renne, malgré leur altération de vétusté, des restes de représentations de formes animales, les unes faites au trait, les autres sculptées en bas-relief et même en rondebosse, et qui permettent de reconnaître des animaux des espèces suivantes : l'aurochs, le bœuf, le cheval et le renne.

Un des morceaux d'os travaillés les plus remarquables est un poignard ou courte épée, en bois de renne, dont la poignée tout entière est formée par le corps d'un animal, qu'on y a sculpté et qui semble être un renne.

J'ajouterai encore quelques faits qui me semblent prouver assez clairement la contemporanéité de l'homme et des espèces éteintes ; les voici :

Une côte fossile d'aurochs, trouvée, avec une flèche en silex, dans la même gangue de sable, et un os carbonisé, extraits de la couche du diluvium dans les sablières de Grenelle, présentés par M. Gosse à la Société d'anthropologie de Paris ;

Les ossements fossiles de rhinocéros *tichorhinus* et de *cervus megaceros*, trouvés par M. Lartet, et déposés dans la galerie du muséum de Paris, sur lesquels on voit les marques des haches de pierre dont l'homme s'était servi pour dépecer ces animaux avant de les manger ;

La découverte de nombreux silex taillés et d'une mâchoire humaine dans le diluvium de la Somme, près d'Abbeville, par M. Boucher de Perthes ;

Celle de silex taillés trouvés dans le diluvium de Paris par M. Gosse ;

Enfin la découverte récente de casse-tête, de flèches en silex grossièrement taillés, et de deux dents humaines, faite par M. Meillet et par moi-même dans les sablières de la Folie et de Saint-Benoît, près Poitiers, dans lesquelles on avait déjà trouvé, il y a peu d'années, des ossements d'éléphant, de cerf et d'hippopotame, sans parler d'autres découvertes analogues faites dans plusieurs localités de la France, prouvent d'une manière irrécusable, malgré les négations systématiques de quelques personnes, que l'homme a vécu sur notre sol en même temps que l'éléphant, le rhinocéros, l'hippopotame, le cerf gigantesque, l'ours des cavernes, l'hyène et le renne, animaux dont les espèces sont éteintes depuis un nombre de siècles incalculable.

D'après ces faits, la présence de l'homme sur le globe se trouve donc remonter au moins jusqu'au commencement de la période quaternaire, et peut-être même jusqu'à la période tertiaire.

Quelle a été la durée du laps de temps qui s'est écoulé depuis que les haches du diluvium de la Somme et les casse-tête du diluvium de Poitiers ont été taillés ? Il est impossible de le dire, mais on peut s'en faire une idée d'après le langage de M. Paul Broca (1) :

« Il y a dans les environs d'Amiens, au-dessous du terrain » moderne, et au-dessous du *lœss*, dont l'épaisseur s'élève » quelquefois jusqu'à 10 mètres, deux couches de *dilu-* » *vium* : l'une rouge et superficielle, caractérisée par des » cailloux irréguliers et peu nombreux ; l'autre profonde,

(1) Mémoires de la Société d'anthropologie de Paris, t. II, p. XLV.

» de couleur grise, dont les cailloux arrondis ont été forte-
» ment roulés. Ces deux couches de diluvium, épaisses cha-
» cune de plusieurs mètres, sont séparées par une couche
» de dépôts lacustres, qui renferme des coquilles d'eau
» douce et qui a quelquefois jusqu'à 5 mètres d'épaisseur.
» Or, c'est précisément dans le diluvium gris ou *inférieur*,
» immédiatement au-dessus des terrains tertiaires, que se
» trouvent les débris de l'industrie humaine, associés aux
» ossements du mammouth et du rhinocéros fossile. Ainsi,
» après la première époque diluvienne, qui nous donne la
» première date connue de l'humanité, il y eut une longue
» période de calme pendant laquelle des lacs d'eau douce
» se formèrent au-dessus du diluvium inférieur; puis un
» nouveau changement géologique amena la formation du
» diluvium supérieur; plus tard, les conditions changèrent
» encore, et une épaisse couche de *lœss* vint recouvrir les
» silex de la seconde époque diluvienne; et plus tard enfin,
» à la faveur d'un nouvel ordre de choses, les terrains mo-
» dernes commencèrent à se former au-dessus du lœss.
» Depuis que la main de l'homme a taillé les silex du bassin
» de la Somme, les conditions géologiques n'ont pas changé
» moins de quatre fois, et la durée de ces périodes successives
» est vraiment incalculable. Chose remarquable, tandis que
» les débris de l'industrie humaine et les ossements des grands
» mammifères fossiles pullulent dans le diluvium inférieur,
» on n'en trouve aucune trace dans les couches qui séparent
» ce diluvium de la terre végétale; l'homme, exclu de ces
» lieux par l'accumulation des eaux lacustres, n'a pu y repa-
» raître qu'à une époque relativement toute récente, après
» l'extinction des grands animaux qu'il y avait autrefois
» combattus, après la fusion des glaciers auxquels M. Dela-

» noue est porté à attribuer la formation du lœss. Pendant
» cette seconde époque glaciaire, dont M. Ch. Martins vous a
» donné une description si claire et si savante, une énorme
» calotte de glace couvrit peu à peu une grande partie de
» l'Europe, et beaucoup d'espèces, livrées sans défense à la
» rigueur du froid, périrent sans retour; mais l'homme,
» protégé par son industrie et par son intelligence, sut
» échapper à la destruction. En heurtant le silex sur le silex
» pour tailler ses premières armes, il avait vu jaillir l'étin-
» celle fugitive, il avait appris à la recueillir, et le feu,
» allumé d'abord pour ses rudes festins, fut plus tard sa sau-
» vegarde lorsqu'il eut à lutter contre l'inclémence du climat
» devenu glacial. »

On comprend facilement que les savants, dont les œuvres sont des autorités scientifiques, admettent difficilement de nouvelles conclusions, surtout quand elles détruisent celles qu'ils se sont trop hâté d'établir avant d'avoir des preuves irrécusables.

Ils n'ont voulu tenir aucun compte d'un fait isolé, qui leur a semblé sans importance, parce qu'ils ne l'avaient probablement pas prévu, ou qu'ils l'avaient à l'avance regardé comme ne pouvant pas exister.

Ensuite, comme il y a beaucoup de gens qui, faute d'idées neuves à eux, acceptent volontiers celles des autres, on a nié le fait parce que tel ou tel l'avait nié.

Malheureusement, les savants ne sont pas infaillibles, et le fait nié s'est renouvelé depuis ; quelques-uns le nieront peut-être encore ; *mais comme il se reproduira partout où l'on en cherchera les preuves,* il faudra bien reconnaître, bon gré mal gré, que l'on s'était trompé.

Je suis même convaincu qu'il n'est pas une caverne située dans des conditions analogues à celles du Chaffaud, qui ne renferme dans son limon, sinon des ossements humains, parce que l'homme a dû fuir le danger, mais tout au moins les témoignages de son industrie mêlés avec les ossements de mammifères, non pas à l'état de squelettes, mais, ce qui vaut mieux, transformés en outils, en flèches ou en pointes de lance, par ces mêmes hommes que l'on s'obstine à ne point reconnaître comme ayant été les contemporains de ces espèces animales perdues.

Je vais passer à une série de monuments dont l'âge, quoique inconnu, paraît être bien moins ancien que celui des objets trouvés dans le diluvium des vallées et dans les cavernes.

III.

MONUMENTS ANTÉHISTORIQUES, DITS CELTIQUES.

Fouilles du dolmen de la Buissière,

Commune de Gouex.

Ce dolmen est situé sur un plateau, près d'un champ nommé Saint-Alban, dans lequel on remarque des restes de constructions gallo-romaines dont je parlerai plus loin.

La table semble s'être abattue sur ses supports, qui sont au nombre de trois et situés au nord-ouest. Elle a 3 mètres 20 centimètres du nord-est au sud-ouest, et 2 m. du nord-ouest au sud-est. Son épaisseur peut être de 40 centimètres; son inclinaison du nord-ouest au sud-est est très-sensible.

Des fouilles faites par moi et M. de Longuemar, mon collègue, nous ont prouvé que cette pierre recouvrait une sépulture; nous y avons trouvé quelques débris d'ossements humains, parmi lesquels était une dent parfaitement conservée, des fragments d'une poterie grossière et d'une poterie noire plus mince. Dans une seconde fouille, plus complète que la première, que j'ai fait pratiquer sous la table du dolmen et entre les supports, j'ai trouvé une grande quantité d'ossements humains, parmi lesquels étaient des fragments de crâne, une portion de mâchoire inférieure avec ses dents, des morceaux de poteries, les unes minces, les autres épaisses, un morceau de granit roulé, allongé et aplati, qui a pu servir de casse-tête (pl. I, fig. 4), un silex taillé (fig. 5), une pointe de flèche également en silex (fig. 6).

La pierre qui compose ce monument a dû être apportée en cet endroit, et les carrières d'où elle peut provenir sont tout au plus à 100 mètres de distance.

Ce dolmen a été signalé par moi, pour la première fois, dans le *Répertoire archéologique de la Vienne.*

Fouilles des dolmens du plateau d'Arlait et d'une tombelle sur le plateau de Thorus,

Commune de Château-Larcher, canton de Vivône.

Le 2 septembre 1863, M. de Gennes, conseiller à la Cour impériale de Poitiers et président de la Société des antiquaires de l'Ouest; M. de Longuemar et moi, membres de la même Société, nous nous transportâmes sur le plateau d'Arlait, situé au-dessus du village de Thorus, commune de Château-Larcher, et sur lequel existent de nombreuses traces de monuments celtiques, entre autres deux dolmens renfermant des sépultures d'un grand intérêt.

Bien que ces dolmens aient été fouillés superficiellement à une époque déjà bien antérieure, nous n'avons pas moins pu constater des faits importants et recueillir quelques objets fort curieux.

Celui A (pl. III, fig. 9) se composait d'une chambre sépulcrale de forme hexagonale formée par sept supports apparents. Le plus grand diamètre de cette chambre pouvait être de 3 mètres 50 centimètres du sud-ouest au nord-est. Les pierres plates qui la recouvraient ont été brisées et jetées par côté, où plusieurs fragments se voient encore. La terre et la pierre amoncelées extérieurement autour de ces supports, lesquels ont encore près de 1 mètre de haut, forment un monticule circulaire, qui devait être autrefois plus élevé, sans cependant recouvrir complétement le dolmen, ainsi que le supposent quelques antiquaires.

Ce tombeau, entièrement vidé, ne contenait plus que quelques ossements brisés, disposés sans ordre, et des débris de poteries grossières.

Le dolmen B (pl. III, fig. 10), placé à quelques mètres du premier A, était mieux conservé et avait été moins fouillé. Nous avons pu constater les faits suivants : la chambre sépulcrale, de forme un peu plus allongée, peut avoir 4 mètres de long du nord-ouest au sud-est, non compris le couloir C ; 3 mètres dans sa plus grande largeur du sud-ouest au nord-est. Elle était formée par neuf pierres debout servant de supports aux tables D et E, lesquelles ne sont plus à la place qu'elles occupaient primitivement. Celle E a son extrémité nord-ouest seulement sur deux supports, et toutes ses autres parties reposent sur le terrain qui recouvre la sépulture. On remarque sur cette table une rigole J, exécutée de main d'homme, du nord-ouest au sud-est ; a-t-elle été faite dans le but d'exploiter la pierre pour un usage particulier, ou a-t-elle une origine druidique? C'est ce que ni moi ni d'autres ne pouvons dire, bien que j'aie déjà signalé de semblables cavités sur d'autres tables, notamment sur celles des dolmens de Loubressac et de la Plaine, dont je parlerai plus loin. Je suppose que cette pierre, dont la largeur est insuffisante pour clore la chambre, devait être placée dans le sens inverse de celui qu'elle occupe aujourd'hui. La table D a été rejetée sur la droite, pour permettre d'entrer dans le dolmen, sans doute à l'époque où on a essayé de le fouiller pour la première fois (fig. 12). Le couloir C, long de 2 mètres, large d'un, se prolongeait probablement jusqu'à l'extrémité de la tombelle. Il est également formé par deux pierres plates posées de champ.

Cette chambre renfermait une grande quantité d'ossements humains disposés par couches successives, séparées les unes des autres par des pierres plates brutes. J'ai compté trois couches distinctes. Il est à remarquer que les ossements de ces différentes couches ont été trouvés là sans ordre anatomique, c'est-à-dire qu'ils ne constituaient point des squelettes complets lorsqu'ils y ont été mis : ainsi, j'ai remarqué un fémur à côté d'un fragment de crâne; peu d'os de grandes dimensions étaient entiers (1). Leur longueur et leur grosseur annoncent des hommes d'une taille ordinaire et qui ne devait guère dépasser 1 mètre 70 centimètres, ou 1 mètre 80 centimètres. Les différents morceaux de crânes, au contraire, sont d'une force peu commune ; ils ont généralement, dans certaines parties, 10 et 12 millimètres d'épaisseur. Les dents, qu'on y trouve en grande quantité, sont d'une conservation remarquable ; elles appartiennent à des hommes âgés, à des hommes jeunes et à des enfants. Parmi ces ossements, on a trouvé :

1° Quelques silex taillés de petite dimension, peu façonnés et ressemblant plus à des éclats naturels qu'à des objets dus à un travail humain. (Pl. III, fig. 11; pl. IV, fig. 33 et 27.)

2° Plusieurs pots en terre grossière et sablonneuse, à peine cuits (fig. 30, 31, 32, pl. IV), ne paraissant point avoir été faits sur le tour. Les uns sont droits, évasés par le haut et semblables aux pots à fleurs modernes de nos jar-

(1) La disposition des ossements humains, les poteries et les instruments en pierre et en os trouvés dans la caverne de Mizy (Marne) et décrits par M. le docteur Rémy, ont une grande analogie avec les sépultures des dolmens de Château-Larcher et de Villaigue.

diniers (fig. 31) ; ils peuvent avoir de 15 à 18 centimètres de hauteur sur 11 à 12 centimètres d'ouverture ; de petites tétines peu saillantes se remarquent de chaque côté ; la pâte en est grossière, pleine de petits cailloux blancs, et plus cuite à l'extérieur qu'à l'intérieur. D'autres, moins élevés, ont été exécutés avec plus de soin ; ils sont moins épais, la terre est plus fine et les parois du vase plus polies: ils ont la panse plus développée, le rebord plus évasé, et l'extrémité inférieure complétement arrondie (fig. 32) ; leur hauteur peut être de 10 à 12 centimètres sur 10 centimètres de large ; ils paraissent mieux cuits. Nous en avons trouvé un beaucoup plus petit que les autres (fig. 30) ; il a 4 à 5 centimètres de haut sur 3 ou 4 centimètres de large ; il est droit, peu évasé par le haut, et se termine par un rebord aplati. Tous étaient remplis d'une terre noirâtre, dans laquelle étaient des petits os appartenant à des phalanges de doigts de pied ou de main (1). Ils étaient généralement placés près des têtes, dans

(1) Dans la tombelle de Brioux, commune de Payré (Vienne), on a trouvé un pot contenant également une grande quantité de phalanges de doigts mêlées à de la terre noirâtre. (*Voir* mes notes sur cette tombelle, Bulletin du 2e trimestre 1862 de la Société des antiquaires de l'Ouest.)

Il est assez remarquable que M. Boucher de Perthes, dans les sépultures celtiques, ou du moins dans celles qu'il nomme ainsi, ait retrouvé des vases en terre contenant un mélange de cendre, de charbon, et d'ossements calcinés qu'il n'a pu déterminer, mais qu'il présume être des ossements humains.

Dans d'autres vases il a trouvé une certaine quantité d'ossements ayant appartenu à de petits oiseaux, à des rats, à des grenouilles, sans aucun mélange de charbon ni de cendre. Ces os ont été trouvés intacts, ce qui fait croire que ces animaux y ont été placés ou vivants ou avec leur chair. Près de ces vases étaient pêle-mêle des charbons et des ossements brisés de chevaux, de bœufs, de sangliers, d'urus, de chiens, de castors, et des objets en silex plus ou moins bien travaillés.

Quant aux squelettes humains, il en a peu rencontré d'entiers dans ces sépultures, mais le plus souvent ils étaient brisés, tandis que ceux trouvés dans les tumulus étaient presque toujours complets. Ces observations de

les parties anguleuses de la chambre, et presque toujours renversés ; d'autres étaient debout.

3° Une hache de petite dimension, d'un poli parfait (fig. 28 et 29); elle a 7 centimètres et demi de long sur 4 centimètres de large près du tranchant, et 2 centimètres dans sa plus grande épaisseur. Elle est d'une conservation telle qu'on dirait qu'elle sort des mains de l'ouvrier.

4° Deux objets incomplets en os ou en ivoire, fort minces, paraissant provenir d'une défense de sanglier de grande taille et ressemblant beaucoup à une petite faucille (fig. 24 et 26); un de ces fragments (fig. 26) est orné d'un filet sur chaque bord. Celui fig. 24 peut avoir 14 centimètres de hauteur, sur une largeur moyenne de 2 centimètres. Le côté concave a été gratté de manière à le rendre tranchant.

Parmi ces débris humains, nous avons trouvé plusieurs mâchoires de chien de petite espèce, ou de renard (1), des dents de cheval, les os d'un pied de veau ou de mouton (2).

M. Boucher de Perthes prouvent qu'il existe une grande analogie entre les sépultures qu'il a fouillées et celles que j'ai étudiées moi-même. De plus, ces observations, généralisant les faits, leur donnent une très-grande importance pour les conclusions qu'on peut en tirer.

(1) On a trouvé plusieurs de ces mâchoires dans ce dolmen. — J'en ai recueilli de semblables dans les cavernes du Chaffaud, avec des silex taillés.

(2) Les ossements d'animaux d'espèces encore existantes, telles que celles du bœuf, du cheval, du mouton, du taureau, du cerf, du sanglier, du porc, du chien, du loup, du renard, etc., trouvés généralement dans les sépultures des dolmens et des tumulus, me semblent avoir été placés là soit en mémoire de repas funèbres, soit que l'on déposât près des morts la nourriture destinée aux mânes, soit peut-être encore en souvenir des sacrifices offerts aux divinités chaque fois que l'on procédait à une nouvelle sépulture.

Je ne puis m'expliquer que de cette façon la présence de ces ossements d'animaux parmi les couches distinctes et successives d'ossements humains.

J'ai observé également qu'on ne trouve aucun os travaillé ou naturel appartenant soit au renne, soit à l'éléphant, ou à tout autre animal dont l'es-

Enfin j'ai observé que quelques-uns de ces ossements humains, trouvés dans les couches inférieures, et qui bien certainement n'avaient jamais été changés de place depuis qu'ils y avaient été mis, paraissent avoir été rongés par quelque animal carnassier, avant d'avoir été déposés dans cet ossuaire. J'en ai conservé un spécimen fort curieux (1).

pèce avait disparu avant l'érection de ces dolmens, mais qui cependant existaient encore quand les cavernes du Chaffaud étaient habitées par des hommes qui mettaient en œuvre les os de ces mêmes animaux. Comment se fait-il donc, si les ossements travaillés et les silex taillés des cavernes sont du même âge que ceux qui se trouvent dans les dolmens, qu'il y ait une différence si nette, si tranchée entre les espèces auxquelles appartiennent ces ossements, et qu'ils ne se rencontrent pas aussi bien sous les dolmens que dans les cavernes? La raison est que, malgré leur ressemblance, ces objets ont été façonnés à des époques différentes entre lesquelles se sont écoulés des siècles.

(1) Les ossements, *bien certainement humains, qui ont été rongés* par des carnassiers, et que j'ai ramassés moi-même dans une *des couches inférieures d'ossements* des dolmens de Villaigre, d'Arlait et dans la caverne de Jioux, détruisent, suivant moi, toute supposition attribuant ce fait à des carnassiers qui se seraient retirés à diverses époques sous ces dolmens pour y dévorer leur proie, et qui y auraient laissé ces os portant les marques de de leur dents.

Pour que ces animaux aient pu se retirer dans ces lieux, soit pour y dévorer la proie qu'ils y entraînaient, soit encore pour déterrer les cadavres ou les ossements humains qu'ils y sentaient, il faut supposer qu'ils aient pu s'y introduire facilement à l'époque où on y ensevelissait encore; et la chose ne me paraît guère admissible, car ces peuples apportaient trop de soin dans l'érection de ces ossuaires pour ne pas prévoir ces inconvénients. Ensuite ces os, s'ils eussent été laissés par ces carnassiers, se trouveraient à la superficie du sol ou dans la première couche seulement, car les dalles de pierre qui recouvraient ces ossements devaient les protéger puissamment contre les pattes les mieux armées de griffes.

Je crois donc que ces ossements étaient rongés et brisés quand ils ont été déposés dans ces chambres sépulcrales. Et si, comme ont cru le reconnaître quelques savants, d'après des crânes humains trouvés dans des cavernes, quelques-uns de ces peuples primitifs de la Gaule appartiennent à la race cafre, pourquoi ces peuples n'auraient-ils pas eu le même usage, conservé encore aujourd'hui chez des peuplades sauvages d'Afrique, les Tartares Tunguses, qui consiste à n'ensevelir les restes de leurs rois et de leurs

Ces deux monuments sont situés au milieu d'enceintes de pierres dont on voit encore des traces très-apparentes.

Les mêmes enceintes de pierres sèches se remarquent également en grande quantité sur le plateau de Thorus, voisin de celui d'Arlait, et sur d'autres terrains incultes, situés entre Château-Larcher et Vivône, à quelques mètres de la route. Il serait fort curieux de relever exactement toutes ces traces de clôture.

Les dolmens et les tumuli du plateau de Thorus, dont le nombre est considérable, peuvent être considérés comme des sépultures ; presque tous ont été fouillés à des époques différentes, et dans tous on a trouvé des ossements humains, des poteries et des armes en pierre. La planche VI représente une flûte faite avec un andouiller de bois de cerf, qui a été retirée de l'un de ces dolmens par notre collègue, M. Meillet (1).

Nous avons fait ouvrir une des nombreuses tombelles qu'on remarque sur ce plateau, et sur lesquelles on ne trouve point de traces de monument en pierre. Nous avons trouvé le même genre de sépulture que dans les dolmens d'Arlait, des couches successives d'ossements, séparées par des pierres plates, des fragments de poterie de la même na-

saints qu'après avoir exposé les cadavres pendant un an et qu'ils sont réduits à l'état de squelettes. Ils prétendent que les chairs des hommes illustres ne doivent pas être la pâture des vers, mais bien celle des habitants du ciel, c'est-à-dire des oiseaux de proie. — Rien n'empêche de supposer que, malgré toutes les précautions prises dans cette circonstance, quelque carnassier ne vienne prendre part au festin destiné aux vautours, et ne puisse ronger quelque tibia ou quelque fémur échappé aux serres d'un habitant du ciel.

Les Celtes ont donc pu faire comme les Tunguses, et déposer dans leurs dolmens quelques os rongés accidentellement appartenant au squelette d'un guerrier de leur tribu.

(1) Malheureusement, cette pièce unique a quitté la province, et fait aujourd'hui partie du musée de Chambéry.

ture, de la même forme que les précédentes, des silex taillés, et un morceau d'ivoire ou d'os recourbé, semblable à ceux recueillis dans la sépulture d'Arlait.

Sur la route de Vivône à Château-Larcher, au milieu d'un champ cultivé, existe une tombelle dont une partie a été enlevée lors de la construction de la route. Nous y avons fouillé et nous y avons trouvé des ossements humains et des poteries semblables aux précédentes.

A quelques centaines de mètres de ce monticule, on rencontre sur un plateau inculte, où le rocher affleure, une série d'enceintes en pierre dans lesquelles sont, en grande quantité, des tombelles formées de pierres et de terre, mais qui ne recouvrent point d'ossements humains ; et cependant ces constructions ont une très-grande analogie avec celles des plateaux de Thorus et d'Arlait. Ne pourrait-on pas les considérer comme des lieux de réunion et de commerce ? Il faut ajouter à cela qu'à un kilomètre à peu près de ces enceintes, sur des plateaux escarpés et à pic en plusieurs endroits, existent deux oppida remarquables par leurs fortifications naturelles. Une hache celtique et une épée gauloise y ont été trouvées.

Il est évident, incontestable, que toute cette contrée a été, à une époque bien éloignée de nous, un centre habité d'une grande importance, et que la construction féodale de Château-Larcher, dont les ruines pittoresques se voient encore, s'est élevée au milieu d'un oppidum gaulois qui existait bien certainement avant elle.

Fouilles de deux dolmens et d'une tombelle à Villaigre,

Commune de Saint-Martin-Lars.

Ces deux dolmens, presque inconnus dans le pays même, et qui ont été signalés et décrits pour la première fois dans mon *Indicateur archéologique de l'arrondissement de Civray*, viennent d'être fouillés par moi et M. de Longuemar (1).

Celui A (pl. V, fig. 6 et 7) se compose d'une table longue de 3 mètres 40 centimètres du nord au sud, et large de 2 mètres de l'ouest à l'est. A l'ouest, elle est soutenue par 3 supports qui lui donnent une inclinaison rapide vers l'est. Sa surface offre également quelques cavités creusées en forme de bassins. (Pl. V, fig. 8, A.)

Les fouilles m'ont fait découvrir deux autres blocs posés de champ, C, C, situés à l'est et formant couloir. La terre amoncelée autour de ces supports forme une motte arrondie, que couronne la table du dolmen.

Nous avons trouvé sous ce monument le même système de sépulture que sous ceux d'Arlait, c'est-à-dire des ossements humains disposés par couches successives, séparées les unes des autres par une couche horizontale de pierres plates, sur laquelle les ossements étaient immédiatement posés sans ordre ; ils paraissent même avoir été brisés et complétement

(1) M. de Ferré, de Peurroux, sur les propriétés duquel se trouvent ces dolmens ainsi que ceux du plateau d'Arlait, près Château-Larcher, s'est prêté à nos recherches avec une gracieuseté dont on ne saurait trop le remercier. Qu'il me permette de réitérer ici l'expression de ma reconnaissance.

Il arrive quelquefois que les propriétaires, ne comprenant pas tout l'intérêt que la science attache à ces recherches, y mettent de la mauvaise grâce et souvent de la désobligeance.

privés de la chair qui les recouvrait lors de leur enfouissement. Parmi eux étaient des couteaux en silex très-imparfaits, des pots en terre grossière semblables aux précédents, tant pour la forme que pour la grandeur, des grains de collier en calcaire semblables à ceux trouvés dans la tombelle de Brioux, commune de Payré, canton de Couhé. Nous n'avons point rencontré de haches ; probablement qu'elles sont restées dans quelques parties de la chambre, où nous avons cru que nous ne pouvions pas fouiller sans danger.

Le dolmen B (pl. V, fig. 1) est infiniment plus curieux et plus complet. Il se compose d'une table longue de 4 mètres 60 centimètres du sud au nord, et large de 2 mètres 50 centimètres de l'ouest à l'est. Elle est complétement isolée du sol et soutenue par cinq supports sur sept qui forment sa chambre sépulcrale. (Fig. 4, B.) Elle est légèrement inclinée de l'ouest à l'est. (Fig. 2 et 3.)

Sur la surface de cette table, à l'extrémité nord, on remarque plusieurs trous circulaires, peu profonds, communiquant les uns aux autres, et qui semblent avoir été creusés par main d'homme. (Pl. V, fig. 4, B.)

Parmi les ossements humains rangés de la même manière, ou plutôt dans le même désordre que les précédents, et toujours par couches successives, nous avons trouvé, en sus des nombreux débris de pots qui avaient été brisés soit par le poids des pierres et de la terre, soit avant leur dépôt dans la sépulture :

1° Trois pots complets de formes variées, et semblables, à peu de chose près, à ceux décrits plus haut : la fig. 11, pl. IV, en donne un spécimen ; de plus un fragment de poterie noire, plus fine que les autres, sur lequel on remarque quelques ornements grossiers faits à la pointe et en creux (fig. 16, pl. IV), mais fort reconnaissables comme travail décoratif (1) ;

2° Trois haches en silex, dont deux de même grandeur. Elles ont 18 à 19 centimètres de long et 6 à 7 centimètres de large (fig. 1, pl. IV) ; l'une d'elles est fort bien conservée, d'un travail très-soigné, tandis que l'autre a eu son extrémité tranchante retaillée à une époque postérieure à son exécution, preuve incontestable de l'usage que l'on en a fait ; la troisième est infiniment plus petite et d'un silex blanc (fig. 2) ; elle peut avoir 4 centimètres de long sur 2 centimètres et demi de large ; elle est polie et tranchante ;

3° Deux poignards en os, fort remarquables (fig. 6 et 7), pouvant avoir 16 centimètres de long sur une largeur de 15 millimètres. Les os avec lesquels ils sont faits paraissent être du même genre que ceux employés pour les deux poignards trouvés dans la tombelle de Brioux.

M. Lartet croit que ces derniers ont été pris dans un os de cerf.

(*Voir* la planche VII, représentant les objets trouvés dans cette tombelle, et que je donne comme point de comparaison.)

4° Trois flèches en silex parfaitement travaillées (fig. 3, 4, 5). Celle fig. 3 n'a pas la même forme que les autres ; elle est aplatie, plus large et taillée d'une manière différente ; elle a 3 centimètres de long sur 15 à 18 millimètres de large dans le bas. Les deux autres ont 4 centimètres de long sur 15 millimètres de large ; elles sont plus effilées, plus épaisses, légèrement barbelées et taillées avec un soin extrême.

5° Plusieurs couteaux ou pointes de javelots, taillés avec

(1) J'ai remarqué le même genre d'ornement, gravé au trait avec un silex, sur un morceau d'os, de côte probablement, trouvé par moi avec des couteaux de pierre dans les cavernes du Chaffaud.

plus ou moins d'art, et dont je donne un spécimen. (Fig. 8, 9 et 10.)

6° Plusieurs grains de collier en calcaire. (Fig. 12, 13, 14 et 15.)

Dans le champ où sont situés ces dolmens, on remarque une grande quantité de *chirons*, ainsi qu'on les appelle dans le pays. Quelques-uns peuvent être modernes, mais d'autres sont des tombelles celtiques. J'en ai fait ouvrir un ; il contenait une grande quantité d'ossements humains placés dans un tombeau composé de pierres plates placées horizontalement et de champ, recouvertes par des pierres et de la terre.

Fouilles du dolmen de la Plaine,

Près Artron, commune d'Usson.

Ce dolmen est en compagnie de quatre autres qui, malheureusement, ont été détruits en grande partie.

Il est le seul qui n'ait pas été, je ne dirai pas fouillé, mais renversé; je le représente, pl. V, fig. 9, 11 et 12. Il se compose d'une table ayant 3 mètres de long du nord au sud et 2 mètres de large de l'est à l'ouest. Son épaisseur est de 40 centimètres; le côté est (fig. 10) repose sur le sol, tandis que le côté ouest (fig. 9) est élevé à 1 mètre au-dessus du monticule par un seul support, qui donne à la table une pente très-rapide de l'ouest à l'est.

Le dessin fig. 12 est pris au sud, celui fig. 11 au nord, et la fig. 10 représente la disposition de trois supports, dont un seul soutient la table; les deux autres n'ont jamais eu cette destination, et ne semblent avoir été mis là que pour clore la chambre de ce demi-dolmen.

Les ossements humains étaient, ici comme à Villaigre et

à Arlait, brisés et disposés par couches séparées par des pierres plates. J'y ai trouvé de nombreux fragments de pots de la même pâte, et qui devaient avoir les mêmes formes que les précédents; mais je n'en ai pas rencontré un seul qui fût entier, et cependant je suis convaincu que jamais personne n'a fouillé cette sépulture.

De même que dans le demi-dolmen de Villaigre, je n'ai pas trouvé de hache dans celui-ci, mais un morceau de bois de cerf fort curieux, long de 13 centimètres et percé à son extrémité d'un trou rond de 25 millimètres de diamètre, destiné probablement à recevoir un manche et à servir de casse-tête, soit que l'autre extrémité de l'os servît de gaîne à une hache, soit que cette extrémité se terminât en pointe. (Pl. VI, fig. 4.) (1). M. Boucher de Perthes, dans ses Antiquités celtiques et antédiluviennes, tome Ier, donne plusieurs dessins d'os humains servant de gaînes à des haches en pierres; il y en a un qui ressemble d'une manière frappante à celui que j'ai trouvé.

Les fig. 5, 6 et 7 représentent des silex taillés, dont un, fig. 5, est devenu blanc par suite de la décomposition du silex; il est parfaitement fait.

A 50 mètres nord-ouest de ce dolmen, il en existait deux autres qui ont été en partie détruits.

L'un (fig. 1 et 2, pl. VI) a sa table renversée de dessus ses piliers, dont neuf sont encore debout. Leur disposition (fig. 3) forme un carré long ayant 3 mètres 40 centimètres du nord au sud et 2 mètres de l'ouest à l'est. Le côté nord est un peu plus étroit que le côté sud. Quelques-uns des supports, en dedans du carré, ont 1 mètre 30 centimètres de haut. Ils

(1) L'absence de haches dans ces deux dolmens ferait supposer que ces objets étaient ou fort rares, ou fort précieux, et qu'on ne les mettait que dans les tombeaux des personnes puissantes ou de grande considération.

paraissent bien moins élevés au dehors, à cause du monticule de terre qui les entoure.

La table (fig. 1 et 2), renversée de l'est à l'ouest et reposant encore sur un des supports, est de forme allongée. Elle a 2 mètres 40 centimètres du nord au sud et 1 mètre 60 centimètres de large de l'ouest à l'est. Sa surface est partagée en deux parties par une petite rigole O, de quelques centimètres de profondeur, et creusée de main d'homme de l'ouest à l'est.

Ce monument a été fouillé par le propriétaire du champ où il est situé. Il renfermait des ossements humains bien conservés, et entre autres un crâne avec ses mâchoires munies de leurs dents blanches et saines, qui annonçaient une mort prématurée.

La table peut avoir de 40 à 50 centimètres d'épaisseur dans quelques endroits. La saillie des supports au-dessus du mamelon prouve qu'elle devait être isolée du sol, et former un dolmen complet, ayant une inclinaison marquée du nord-ouest au sud-est.

La fig. 1 donne la vue des *piliers* debout, avec la table renversée à l'ouest.

La fig. 3 indique la disposition par terre de ces piliers, avec la surface de la table par côté.

Dans l'angle P de cette chambre sépulcrale, bien qu'elle ait été vidée, j'ai trouvé une petite hache, véritable bijou celtique, que je donne, fig. 9 et 10, pl. VI. Elle n'a pas plus de 3 centimètres de long sur 2 centimètres de large. Le côté tranchant est très-acéré et parfaitement intact.

A 23 mètres nord-ouest de ce dolmen, il en existait un troisième, dont quatre supports sont encore debout ; deux s'élèvent à plus d'un mètre du sol. (Pl. VI, fig. 11.)

Leur disposition présente une surface de 4 mètres de long

du nord au sud, sur une largeur de 2 mètres 50 centimètres de l'ouest à l'est.

Les habitants de la Plaine prétendent, d'après une tradition locale, que la table qui recouvrait ces pierres a disparu dans une nuit pendant un orage, emportée par le diable ou par le vent.

D'après l'espace renfermé entre ces supports, ce dolmen devait être fort important. Il a été fouillé, comme le précédent, et contenait également des ossements humains. Malheureusement ces fouilles ont été faites sans intelligence, par des gens ignorants qui, préoccupés du trésor qu'ils cherchaient, n'ont fait aucune attention aux objets curieux qui devaient nécessairement y avoir été déposés.

Chacun de ces dolmens semble s'élever sur une espèce de motte formée par des pierres et de la terre amoncelées en rond autour de leurs supports. L'élévation réelle de ce monument au-dessus du niveau du champ peut donc être de 1 mètre 80 centimètres à 2 mètres.

Leur disposition relative est triangulaire, leur orientation invariable, ou à très-peu de chose près.

Le demi-dolmen, dont la table est moins vaste que celles des dolmens, est placé en arrière, au sud-est de ces derniers, et à une distance semblable à celle qui sépare ceux de Villaigre. La fig. 12, pl. VI, donne approximativement la disposition relative de ces trois monuments.

La pierre a dû être prise sur le lieu même.

Des traces de murailles en pierres brutes existent à l'ouest de ces monuments, et formaient une enceinte irrégulière ayant une grande analogie avec celles que l'on remarque sur le plateau de Thorus.

Conjectures sur les moyens employés pour l'érection d'un dolmen.

A cette époque de la plus complète barbarie, les moyens mécaniques étant inconnus, comment ces peuples sauvages, non pas d'une taille gigantesque, comme quelques imaginations ont pu les rêver, mais d'une grandeur très-ordinaire, ainsi que le prouvent les restes humains trouvés dans les sépultures dites celtiques, ont-ils pu dresser ces pierres énormes dont se composent les *dolmens*, les *menhirs*, etc., que nous étudions aujourd'hui avec tant d'intérêt?

Des antiquaires se sont posé cette question et se sont fatigué l'esprit pour découvrir ces moyens, qui me semblent cependant bien naturels et faciles à expliquer. Il est fort possible que je sois moi-même dans l'erreur à ce sujet, et je ne prétends pas détruire les opinions avancées par eux, bien que la mienne offre autant de vraisemblance que les leurs.

D'abord je crois que ces peuples, chaque fois qu'ils en ont trouvé l'occasion, ont dû profiter du transport tout fait des blocs de rocher déposés par les eaux dans les lieux convenables à l'érection d'un monument, parce que je n'admets pas qu'ils élevassent indifféremment ces dolmens dans un endroit ou dans un autre, sans une idée fixe, sans une raison déterminée à l'avance et conforme au rite de leur religion.

Je pense donc que, généralement, la majeure partie des pierres qui les composent a été transportée par un travail humain dans les endroits où ils ont été élevés. Il est vrai qu'il faut admettre pour cela que la distance fût courte et que le terrain offrît une surface assez plane ou facile à niveler (1).

(1) Ce qui prouve que l'on a transporté des pierres dans les contrées où il n'y en avait pas pour élever des monuments celtiques, c'est que tous les

Dans ces conditions, la table du dolmen étant trouvée, les moyens de transport consistaient à la placer simplement sur des rouleaux faits avec des troncs d'arbres, à aplanir autant que possible les aspérités du terrain, et à conduire le bloc, au moyen de leviers, jusqu'au lieu choisi. Là commençait une seconde opération ; on devait, par le moyen de ces mêmes leviers, préalablement placés sur des points d'appui, faire successivement des *pesées ou abatages*, jusqu'à ce que la pierre eût atteint, lentement à la vérité, la hauteur nécessaire, soit 1 mètre 50 centimètres ou 2 mètres, pour que les étais provisoires élevés au fur et à mesure qu'elle montait pussent permettre d'établir avec sécurité les supports définitifs, qui ordinairement étaient d'un volume plus facile à manœuvrer que les blocs destinés à servir de table ou de couverture.

Ces piliers étaient disposés soit en rond, soit en long, ou de toute autre manière, posés seulement sur le sol ou légèrement implantés. Au moyen d'une nouvelle pesée sur les leviers, on décalait la pierre peu à peu, jusqu'à ce qu'elle portât sur ces piliers, que son poids seul suffisait à consolider. Une fois en place, on détruisait les étais provisoires et les points d'appui sur lesquels on avait posé les leviers ; alors on amoncelait extérieurement de la terre et des pierres autour des supports, jusqu'à ce qu'on eût formé cette espèce de motte sur le sommet de laquelle les tables des dolmens semblent placées. Le monument incliné et orienté, la chambre sépulcrale close, on pouvait procéder à la sépulture dans l'ordre et le système de celles de Villaigre, de façon que les

tombeaux antiques de la Russie méridionale et de la Sibérie, qui semblent être l'œuvre d'un même peuple, se composent de tumuli dont quelques-uns sont entourés de grosses pierres qui ont dû être amenées d'une distance immense. (W. Tooke, *Archéolog.*, t. VII.)

animaux carnassiers ne pussent s'y introduire pour déterrer les cadavres.

Il y avait encore un autre moyen d'érection fort simple et que voici :

Le lieu de la sépulture étant choisi, soit parce que les blocs s'y trouvaient déjà transportés naturellement, soit qu'on les y conduisît, on pouvait commencer par établir la chambre sépulcrale en dressant les supports et en les implantant dans le sol ; on amoncelait extérieurement de la terre et des pierres autour d'eux pour les soutenir, puis, par un plan incliné établi à cet effet, et formé par des troncs d'arbres ou de la terre, on hissait, à force de bras ou de leviers, la table sur ces piliers. On l'orientait et on l'inclinait à volonté.

J'avoue que ces deux moyens ne sont pas exempts d'inconvénients sérieux ; mais cependant, pour quiconque sait ce qu'un homme peut faire avec un levier, leur exécution n'a rien qui ne soit très-vraisemblable et facile à comprendre.

Des archéologues prétendent que les dolmens étaient entièrement recouverts de terre (1), et que c'est par suite de

(1) M. Halléguen, de Châteaulin, dans son *Introduction* historique à l'Ethnologie de la Bretagne (1), prétend que tous les dolmens étaient « *autrefois ensevelis* sous un tumulus, comme l'ont été, sans exception démontrée, tous les dolmens de l'Armorique (peut-être à cause du climat, car ceux de l'Inde ne paraissent pas l'avoir été). »

Les monuments de *l'âge de pierre* en général, et les dolmens surtout, existent dans presque toutes les parties habitées du globe, où ils se présentent dans des conditions analogues à celles que nous leur connaissons dans nos contrées. On n'en a trouvé nulle part, que je sache, qui soient encore recouverts de terre, ainsi que se l'imaginent M. Halléguen et quelques autres archéologues.

Comment expliquer en effet que particulièrement les dolmens, dans les quatre parties du monde, auraient exactement subi les mêmes mutilations, et auraient été partout privés de la terre qui les recouvrait, quand tous les autres monuments qu'on présume leur être contempo-

(1) Bulletin de la société d'Anthropologie de Paris, tom 2, 4e fascicule, page 594.

fouilles successives que leurs roches ont été mises à nu. Je ne le crois pas; car à quoi eussent servi l'orientation rigoureuse des tables, leur inclinaison constante, enfin ces cavités que les uns attribuent à tort à une décomposition naturelle de la roche, et que les autres avec raison présument être d'un travail humain et destinées aux sacrifices qui s'accomplissaient sur ces pierres?

Ce qui vient à l'appui de mon opinion, c'est que si les dolmens eussent été complétement recouverts de terre, la surface extérieure de leur table, préservée de l'action corrodante des eaux, aurait conservé la régularité de son lit de carrière, que l'on remarque toujours intacte à la surface interne de la chambre sépulcrale, et sur laquelle on ne voit

rains, tels que les tumulus, les menhirs, etc., etc., sont, à peu de chose près, restés ce qu'ils ont été dès le principe dans toutes les contrées où ils existent encore.

Sur quelle preuve s'appuie-t-on pour affirmer ce fait? Je demande que l'on cite un seul exemple connu *d'un dolmen* bien caractérisé par son couloir, l'orientation et l'inclinaison de sa table, qui ait été trouvé sous un monticule de terre; je ne veux parler exclusivement *que des dolmens*, et non *des allées couvertes* qui, au contraire, à cause de leur rareté comparativement aux autres monuments, ne sont pour moi que les chambres sépulcrales de grands tumulus qui auraient été détruits de main d'homme.

Il me semble donc que la thèse de M. Halléguen sur les dolmens, n'étant appuyée par aucune preuve authentique, n'est pas soutenable après un examen sérieux de ces monuments.

Je pense aussi que nos nombreux dolmens du Poitou sont frères de ceux de la Bretagne et, je dirai plus encore, de tous ceux qui se trouvent dans les différentes parties du monde; car ce sont bien là les jalons les plus authentiques qui marquent aujourd'hui le rayonnement des migrations des peuples primitifs autour de l'Asie, leur berceau commun. — Hé bien, il n'en est pas un de ceux qui sont les mieux conservés, qui puisse faire naître une telle idée. Ils ont tous un bourrelet composé de terre et de pierres entourant leurs supports et destiné à les consolider, à empêcher les animaux de pouvoir s'introduire sous ces monuments, et enfin, si, comme je le crois, les dolmens ont eu la double destination de servir à la fois d'autels et de tombeaux, pour permettre d'approcher de la table et d'y sacrifier.

pas ces érosions profondes et multipliées qui sillonnent la surface extérieure, indépendamment des cavités intentionnelles, reconnaissables à leurs positions identiques.

Donc le dolmen était un monument particulier, spécial, qui avait sa manière et sa raison d'être, de même que les tumuli avaient la leur.

Les chambres sépulcrales, les allées couvertes que l'on trouve dans ces derniers, ne sont pas établies comme celles des dolmens. L'on comprend que les unes aient été faites pour être enfouies sous la terre, et les autres pour avoir leur couverture nue exposée à l'air, et placée ainsi comme complément ou signe distinctif du genre; et par la même raison que les tumuli sont restés des monticules de terre recouvrant des chambres sépulcrales, de même les dolmens seraient, aussi eux, restés couverts de terre, s'ils l'eussent été primitivement.

Quels qu'aient été les moyens employés pour les élever et les motifs de leur érection, ce sont certainement les monuments les plus vieux du monde antéhistorique, postérieurement au déluge de l'Europe (1), et pour cette raison bien

(1) Les dolmens ne peuvent être antédiluviens, car les torrents qui ont charrié les blocs erratiques dans nos vallées, et qui ont couvert tous les lieux où sont situés ces monuments, avaient, certes, assez de force pour les culbuter et en disperser les débris, surtout si l'on réfléchit que le sol sur lequel ils s'élevaient, mouvant et détrempé par les eaux, mettait ces monuments dans l'impossibilité de résister à l'impétuosité des courants qui sillonnaient la surface du globe; et s'il était possible de croire que leur érection fut antérieure à ce cataclysme, je ne m'expliquerais leur survivance qu'en admettant qu'ils eussent été, comme le croient quelques archéologues, recouverts d'un monticule de terre qui les aurait protégés contre les courants, lesquels, après avoir entraîné la terre et les pierres qui les recouvraient, nous auraient laissé ces dolmens dénudés comme nous les retrouvons aujourd'hui.

Mais si ce fait, qui serait dans les choses possibles et naturelles, avait eu lieu, pourquoi les tumulus n'auraient-ils pas subi les mêmes ravages? A cela

antérieurs à l'époque gauloise, peut-être même à l'époque celtique.

on pourrait répondre que rien ne prouve qu'ils soient contemporains des dolmens, et que si les uns sont antédiluviens, les autres peuvent être post-diluviens. Non, je ne crois pas qu'il en soit ainsi. Ces monuments ne peuvent avoir été élevés qu'à la seconde période de *l'âge de pierre*, par les nouvelles migrations d'hommes qui vinrent habiter nos continents, après le cataclysme qui avait détruit les premiers peuples qui les avaient précédés dans les cavernes, et qui peut-être avaient eu, eux aussi, leurs autels et leurs tombeaux dont les eaux diluviennes n'ont laissé aucun vestige.

Mais ce qu'il y a de certain, c'est que les dolmens, comme les tumulus, renferment des sépultures qui n'ont aucune analogie entre elles.

Celles des dolmens et des cavernes artificielles n'ont, jusqu'à présent, offert que des *ossements humains toujours brisés, quelquefois rongés, ne constituant jamais de squelettes, placés, sans ordre anatomique, par couches successives séparées les unes des autres par des pierres plates*, et ne contenant aucun fragment de métal: témoin les dolmens de Villaigre, de la Plaine, d'Arlait, de la Bussière, fouillés par M. de Longuemar et par moi; celui de Montguyon, exploré par M. Duteil (1); enfin la caverne de Mizy, décrite par M. le docteur Rémy, de Mareuil-le-Port.

Les tombelles et les tumulus ont, au contraire, présenté des sépultures collectives régulières; les squelettes, complets, étaient rangés avec ordre dans des chambres sépulcrales, ou assis en cercle autour de haches, de couteaux, de flèches et de poteries déposés au centre de la chambre, comme dans le tumulus de Boismorand, fouillé par M. de Boismorand; les squelettes y étaient disposés de façon que les têtes, placées au centre de la chambre, formaient un cercle au milieu duquel était un nombre égal de haches posées elles-mêmes en rond; ou des squelettes couchés les uns près des autres, avec des pots à peine cuits placés près de chaque tête, comme dans la tombelle de Brioux et dans celle de la Bussière, décrites par moi.

Evidemment il y a dans la variété de ces sépultures une cause majeure que nous ne connaissons pas, mais qui est incontestable. Ou elles ne sont pas de la même époque, et ceci explique leur diversité; ou, si elles sont contemporaines, elles appartiennent à des peuples étrangers dont les mœurs n'étaient pas les mêmes. Et cependant la ressemblance des armes, des poteries et autres objets trouvés dans les uns et les autres monuments est telle, qu'il est difficile d'établir une différence marquée, même une nuance sensible entre eux.

Mais si ces sépultures sont l'œuvre d'un même peuple, la variété qui

(1) Note archéologique sur le dolmen de Montguyon, par Camille Duteil.

Les objets que l'on y trouve renfermés depuis des milliers de siècles sont identiquement les mêmes que ceux recueillis dans la couche superficielle du sol des cavernes du Poitou que j'ai fouillées. Ceci porte donc à croire qu'ils sont contemporains, sinon l'œuvre même, de ces peuples venus de l'Asie, qui se réfugièrent dans les cavernes et élevèrent ce dolmen pour leur servir d'autel d'abord, de sépulture ensuite, ou peut-être de l'un et de l'autre tout à la fois.

Observations relatives à la table du dolmen de Loubressac,

Près Mazerolles.

Ce dolmen a déjà été signalé par M. Nouveau, de Montmorillon, dans les Bulletins de la Société des antiquaires de l'Ouest.

La table (pl. III, fig. 1) a 4 mètres dans sa plus grande longueur du sud-ouest au nord-est, 3 mètres dans sa plus petite largeur du nord-ouest au sud-est. Elle est inclinée du nord-ouest au sud-est, et soutenue par cinq supports qui l'élèvent au nord à 1 mètre 20 centimètres au-dessus du sol,

existe entre elles permettrait de supposer que les dolmens sont des tombeaux renfermant ou les ossements de plusieurs générations d'une famille ou d'une tribu, ou peut-être encore les restes des victimes sacrifiées sur la table de ces autels. Dans l'un et l'autre cas, on s'expliquerait la nécessité du couloir conduisant à la chambre sépulcrale, et les couches successives d'ossements qui ont dû être superposées les unes aux autres à des époques différentes.

Quant aux tumuli, ils auraient été particulièrement élevés à la mémoire des chefs de tribus de grande valeur, d'un grand pouvoir, tués dans un combat. Les armes de choix bien conservées qui les accompagnent toujours, et qui ne devaient pas les quitter même après leur mort, pourraient donner quelque valeur à cette supposition.

et de 1 mètre 40 centimètres au sud, à cause de la pente du terrain.

Elle a 70 centimètres d'épaisseur au nord-est et 40 au nord-ouest (fig. 3). L'un des supports est un bloc de granit qui a été roulé par les eaux, tandis que les autres sont en pierre calcaire.

Sur la superficie de cette table, au nord-ouest, on remarque plusieurs bassins irréguliers, dont la réunion est évidemment intentionnelle, et qui ne peut pas être due seulement à l'érosion des eaux. (Fig. 1.)

A l'extrémité A, on compte cinq petits trous de 10 centimètres de large, et deux plus grands, de 15 à 20 centimètres, ayant chacun une petite rigole. Dans le milieu B est un bassin plus large et plus long; il a 1 mètre sur 60 centimètres, et 10 centimètres de profondeur. On remarque deux rigoles, l'une du nord-ouest au sud-est, qui partage la table en deux, et l'autre, plus petite, au nord-ouest. A l'extrémité C, on voit deux autres petits trous pouvant avoir de 10 à 12 centimètres de large, et au-dessous deux plus grands, J et I, se communiquant et ayant chacun un déversoir ou rigole, F et D. Celui D surtout est parfaitement reconnaissable comme travail humain. Le bassin J a 30 centimètres de large sur 40 de long; le bassin I a 80 centimètres de long sur 30 de large; le conduit F, qui les réunit, a 10 centimètres de large; leur profondeur peut être de 10 à 12 centimètres.

Des archéologues prétendent que ces cavités ou bassins, que d'autres personnes que moi ont remarqués à la surface des tables de certains dolmens (1), sont complétement étran-

(1) Notamment sur presque tous les dolmens en granit des environs de St-Benoît-du-Sault, décrits par M. de Beaufort et publiés dans les *Mémoires de la Société des antiquaires de l'Ouest* (1851).

Il est assez curieux que ces *rigoles* et ces *cavités* que j'ai remarquées sur

gers à la main de l'homme, et ne doivent être uniquement attribués qu'à un travail naturel d'érosion. Je leur demanderais alors : pourquoi ces cavités se trouvent-elles toujours placées dans des conditions analogues sur chaque monument? Pourquoi leur forme, leur profondeur sont-elles, à peu de chose près, les mêmes? Pourquoi, enfin, si c'est l'eau qui a rongé la roche en ces endroits, ne l'a-t-elle pas fait également dans les autres parties de la table? Est-ce que l'irrégularité actuelle des contours de ces trous, de leurs parois, primitivement creusés d'une façon plus unie, ne peut pas provenir d'une décomposition postérieure de ces mêmes contours, de ces mêmes parois, décomposition qui a été lente et la même sur toutes les surfaces de la table exposées à l'air et à l'eau? Celle-ci se reconnaît facilement.

Enfin j'ai remarqué des cavités sur tous les dolmens ou pierres-autels que j'ai vus et dessinés, et je n'en citerais pas un seul sur lequel il ne soit possible de les constater, notamment sur les dolmens de Pierre-Pèze (fig. 2, pl. III), de Villaigre (pl. V, fig. 4 et 8), de la Plaine (fig. 2, pl. VI), de Château-Larcher (pl. III, fig. 10), etc.; sur les pierres-autels la Pierre-Fade, près d'Availles (fig. 4, pl. III), le Bénitier-des-Sorciers, près Pleuville (pl. III, fig. 3), etc.

Personne n'a encore pu prouver que les dolmens, bien qu'ils renferment généralement des sépultures et qu'ils doivent être considérés comme des ossuaires, n'aient pas servi d'autels aux peuples barbares qui les ont élevés. Tout prou-

presque toutes les tables des dolmens que j'ai visités, aient été également constatées, dans d'autres contrées, sur des monuments analogues.

M. L.-F. Jehan, auteur du remarquable ouvrage *la Bretagne*, etc., devrait bien m'expliquer comment il se fait que ces *accidents naturels*, comme il les appelle, se trouvent dans des conditions identiques sur tant de monuments éloignés les uns des autres, et dont la nature de la pierre est si variée; il faut convenir, dans tous les cas, que ce sont là de singulières érosions.

verait le contraire, si on invoquait le témoignage des auteurs de l'antiquité, qui seuls peuvent parler avec connaissance de cause.

Nous savons que les pierres dont les Hébreux se servaient pour élever leurs autels étaient *brutes ;* sans cette condition expresse, elles eussent été répudiées comme impropres aux usages sacrés.

« Vous dresserez au Seigneur votre Dieu, dit Moïse, un autel de pierres où le fer n'aura pas touché... de pierres informes et non polies (1). »

« L'autel du temple de Jérusalem que l'on éleva au retour de la captivité était en pierres brutes (2) ; il en fut de même pour celui que Judas Machabée rétablit après la profanation d'Antiochus Epiphane (3). »

Il me semble qu'il n'est pas possible d'élever un autel avec des *pierres brutes, informes et non polies*, sans construire exactement le dolmen celtique.

D'après la psychologie druidique, on s'explique facilement les sacrifices humains, et César nous dit, dans sa Guerre des Gaules (4), que les Gaulois, dans leurs grandes maladies, dans les dangers où ils se trouvaient à la guerre, immolaient des hommes ou faisaient vœu d'en sacrifier. Ils croyaient ne

(1) Exode, XX, 25.—Deuter., XXVII, 5, 6.—Lev., XXVI, 1.

(2) I, Esdras, V, 8.

(3) I, Machabées, IV, 46.

La Bretagne, esquisses pittoresques et archéologiques, par L.-F. Jehan (de St-Clavien), page 165.

(4) ...... Ob eam causam qui sunt affecti gravioribus morbis, quique in præliis periculisque versantur, aut pro victimis homines immolant, aut se immolaturos vovent, administrisque ad ea sacrificia Druidibus utuntur; quod pro vitâ hominis nisi vita hominis reddatur, non posse aliter deorum immortalium numen placari arbitrantur; publiceque ejusdem generis habent instituta sacrificia, etc., etc.

(*De Bell. Gal.* lib. VI, cap. 5.)

pouvoir apaiser le courroux de leurs dieux qu'en leur offrant la vie d'un homme pour racheter la vie d'un autre homme. Ils avaient même établi des sacrifices publics de cette espèce. Les victimes qu'on offrait dans ces hécatombes n'étaient, du reste, que des criminels condamnés par la justice des Druides ; mais lorsque les brigands et les voleurs manquaient, ils immolaient des innocents, qu'on choisissait parmi les vieillards, car il leur paraissait juste d'envoyer dans la céleste patrie ceux dont l'âge avancé ne leur laissait plus que peu de temps à vivre.

Or, comme on ne connaît point encore de monument celtique particulier dont l'usage exclusif ait été de servir d'autel, et que, de tous ceux qui nous sont connus, les dolmens sont ceux qui offrent le plus de probabilités, on peut donc considérer les tables de ces monuments comme les pierres sacrées sur lesquelles les Celtes sacrifiaient soit aux dieux qu'ils adoraient, soit aux mânes de leurs ancêtres ou des héros ensevelis sous l'autel (1).

Je vais terminer ce mémoire par quelques notes sur des monuments que je considère comme étant de l'époque gallo-romaine, et que j'ai rencontré et visité dans le cours de mes explorations précédentes.

(1) M. G. des Mousseaux, dans son intéressant ouvrage, *Dieu et les dieux*, considère également le dolmen ou sa table de pierre comme un autel. Il a raison, car c'est le seul de tous les monuments celtiques que l'on puisse interpréter comme pierre sacrée. M. L.-F. Jehan me semble être dans l'erreur en soutenant le contraire, et son chapitre II de *la Bretagne*, qui traite du *culte primitif, symbolique et universel de la pierre brute*, etc., page 149, est complétement en désaccord avec son opinion sur le dolmen.

IV.

MONUMENTS PRÉSUMÉS DE L'ÉPOQUE ROMAINE OU GALLO-ROMAINE.

Construction romaine de Roumagnio,

Près la propriété de Goupillon, canton de Vivône.

Un des membres de la Société des antiquaires de l'Ouest, M. Raimbeault, a signalé, il y a déjà longtemps, les traces d'un établissement romain situé près du village de Goupillon, au lieu dit Roumagnio.

Cette construction s'élevait dans une petite vallée, au pied d'une colline et près d'un ruisseau. Ces restes, autrefois beaucoup plus apparents qu'ils ne le sont maintenant, se composaient de murs formant plusieurs compartiments carrés de différentes dimensions et se développant sur une grande étendue de terrain.

Aujourd'hui on ne voit plus rien, si ce n'est un fragment de mur et un canal caché dans un fossé.

Dans ce canal, qui n'était autre chose qu'un égout de la villa, on a trouvé des fragments de poteries rouges et noires, une petite monnaie romaine, des morceaux de verre blanc, un anneau avec chaton de verre, une grande quantité de clous en fer, un morceau de plomb, des carreaux, des briques et des tuiles a rebords.

Tous ces objets prouvent incontestablement qu'il y a eu là une habitation romaine ; mais c'est tout ce que l'on peut y reconnaître.

Camp romain de la Fuite,

Près Bouresse.

Ce camp, comme toutes les constructions militaires de l'époque romaine, est situé sur un plateau très-élevé, légèrement incliné de l'est à l'ouest, à deux kilomètres à peu près du bourg de Bouresse, au lieu appelé la *Font-de-la-Fuite*. (*V.* pl. Ire, fig. 1.)

Il forme un carré irrégulier A, dont le côté nord a 100 mètres de long, le côté sud 91 mètres, le côté ouest 60 mètres et le côté est 85 mètres.

Il se compose d'un fossé large de 8 mètres, dont la terre, rejetée en dedans, formait un rempart qui est encore élevé de 3 mètres à l'angle sud-ouest. Le rempart et le fossé du côté nord et une partie de ceux du côté ouest ont été comblés et abattus par les cultivateurs.

On pénétrait dans l'enceinte A par deux entrées B, B, situées l'une au sud et l'autre à l'est.

Ce camp pouvait contenir tout au plus une armée de 2,000 hommes.

Il n'avait pas encore été signalé.

Construction de Saint-Alban,

Près la Buissière, commune de Gouëx.

Saint-Alban est un point très-culminant, entouré d'un vaste horizon, où existait une construction romaine assez importante, ainsi que l'attestent les moellons carrés, les tuiles à rebords et les fragments de poteries de couleurs variées que l'on y voit amoncelés sous un bouquet de grands arbres. — J'y ai trouvé une magnifique fibule en bronze (pl. Ire, fig. 7), offerte par moi à la Société des antiquaires de l'Ouest.

Ce lieu est à peu près à 500 mètres des constructions de la forêt de Goberté, dont je parlerai plus loin.

Constructions sur le coteau des Turlu,

Près la Buissière.

Nous arrivons maintenant à des constructions d'une autre espèce, qui peuvent offrir un grand intérêt. Ce sont les vestiges d'un village tout entier. Il était établi sur un coteau, aujourd'hui couvert de grands arbres, au bas duquel coule un ruisseau qui, à un kilomètre plus loin, fait marcher le moulin de Bouzante.

Ces habitations étaient disposées en carrés longs, A, B, C, D, E, divisés en deux ou trois compartiments (pl. II). Les murs, en pierre et en terre, n'avaient pas plus de 80 centimètres à un mètre d'épaisseur; des lignes de clôture G formaient soit un fossé, soit un chemin large de 3 mètres, bordé de chaque côté par un mur en pierres brutes plus ou moins hautes et larges et fichées en terre, ainsi que l'indique le dessin. Ces lignes irrégulières se développent sur la pente du coteau, en décrivant des angles et des courbes. Jusque-là, je l'avoue, rien ne paraît mériter l'attention de l'antiquaire, et l'on peut parfaitement supposer que ces bâtiments ont pu s'élever et disparaître à des époques plus ou moins récentes; mais ce qui vient donner une toute autre importance à ces débris, ce sont les deux petits monuments I et H, qui paraissent avoir été des sépultures.

Ces tombeaux sont de forme carrée ; ils peuvent avoir cinq mètres sur quatre. On remarque à leur base des pierres taillées grossièrement disposées en retrait les unes sur les autres, comme les marches d'un escalier. Leur sommet se compose de terre et de pierres longues posées en pointe et en forme de voûte (fig. 2, pl. II). Leur hauteur peut être d'un mètre.

Celui I a été fouillé par moi en 1862 ; voici comment il était établi : sur une couche de silex bruts K, posés sur le sol, on avait étendu une couche de sable argileux L, qui formait une pente très-sensible du nord-ouest au sud-est. Sa superficie était recouverte d'une croûte excessivement dure, comme si elle eût été battue et durcie par le feu. Sur cette couche d'argile étaient des ossements humains M, qui paraissaient avoir été placés là sans ordre, ou avoir été remués postérieurement, ce que je ne crois pas. Parmi ces ossements étaient des fragments de poteries grossières. Le corps, ou plutôt les ossements M, avaient été recouverts d'une couche de terre N, dans laquelle des pierres longues étaient fichées en forme de voûte.

O était un chevet composé de grosses pierres brutes. Trois assises de pierres, P, P, P, placées en retrait les unes sur les autres, formaient la base de ce monticule, autour duquel sont de gros chênes.

J est un petit carré formé par des murs, et qui a dû servir de fourneau. Des fouilles, que j'y ai fait faire dernièrement, ont confirmé mon opinion. Le fond était pavé de pierres sablonneuses calcinées. J'y ai trouvé du charbon, du mâchefer ancien, des matières vitrifiées par une forte chaleur.

Dans le carré E, qui paraît avoir été entouré d'un double mur, j'ai trouvé des fragments de poteries non vernissées, qui ressemblent beaucoup à la poterie gallo-romaine ou gauloise.

Les murs de ces différentes constructions n'ont pas dû s'élever beaucoup au-dessus du sol. On ne voit nulle part des traces de cheminées et d'escalier.

Au mois de mai 1863, M. Meillet et moi fîmes donner quelques coups de pioche dans la tombelle I, et nous y trouvâmes quelques ossements humains. Depuis, j'y ai regardé encore, et j'y ai trouvé des morceaux de crâne, de poterie et plusieurs dents.

Enceintes et constructions dans la forêt de Goberté,

Près le village de Font-Trapé, commune de Gouëx.

Cette construction ressemble à beaucoup d'autres que j'ai décrites et signalées pour la première fois dans mon *Indicateur archéologique de l'arrondissement de Civrai*. (*V*. pl. Ire, fig. 2.)

Elle se compose :

1° D'un carré A, formé par un mur long de 13 mètres du sud-est au nord-ouest, et large de 9 mètres du sud-ouest au nord-est;

2° D'un autre petit carré B, également formé par un mur ayant 5 mètres sur toutes faces, et situé à peu près à 6 mètres au sud-ouest du carré A. L'un et l'autre bâtiment ne présentent aucunes traces de cheminées ;

3° D'une enceinte allongée C, située sur un terrain légèrement incliné du sud-ouest au nord-est, composé d'un fossé large de 2 mètres, profond d'un, dont la terre a été rejetée en dedans pour former un rempart autour des constructions A et B ;

4° D'une double enceinte D, D, D, composée, comme la précédente, d'un fossé et d'un *agger* qui renfermaient toutes les autres constructions. A cinq mètres du carré A, au sud-est, existe une petite motte E, qui semble avoir été carrée autrefois et disposée de façon à avoir ses quatre faces aux quatre points cardinaux. Elle a 5 mètres sur chaque côté et un mètre de haut. Elle est composée de terre et ne paraît pas avoir été fouillée. Au-dessous de l'enceinte D, à quelques centaines de pas, existait un étang alimenté par les eaux qui s'égouttent des terres et par plusieurs fontaines voisines.

Les murs des carrés A et B sont en pierres et en terre. Cette construction me semble appartenir à une époque très-reculée, et sa grande similitude avec d'autres constructions également situées au milieu des bois, et dans lesquelles j'ai trouvé des objets de l'époque gauloise, me porte à croire que celles-ci leur sont contemporaines.

Souterrains de Bouresse.

Il paraît qu'il existe sous le bourg de Bouresse plusieurs souterrains-refuges fort vastes, communiquant les uns aux autres, et qui devaient certainement former un système de défense complet. Ces souterrains se composent, comme ceux qui ont déjà été signalés dans d'autres contrées (1), de couloirs étroits taillés dans la roche, conduisant à des salles de différentes dimensions, et où se trouvent des gueules de four par lesquelles un homme seul pouvait passer, en se couchant à plat ventre, pour aller plus loin, dans d'autres compartiments.

Ces souterrains annoncent qu'à l'époque celtique il y avait en cet endroit une agglomération de population, et expliquent la présence du camp de la Fuite dont j'ai parlé plus haut, lequel dut être établi soit pour soumettre, soit pour maintenir sous la domination romaine les tribus de cette contrée.

(1) Notamment par M. de Beaufort, dans les environs de St-Benoît-du-Sault.

Tumulus de Bouresse.

Ce monticule, situé dans le jardin de M. Desveaux, maire de la commune de Bouresse, est formé d'une terre noire mélangée de charbon et de scories de fer provenant sans doute d'anciennes forges à bras qui ont dû exister longtemps ou en grand nombre dans cet endroit, car la superficie du sol, dans toutes les parties du bourg et même au delà, se compose de cette même terre noire et de ces résidus de forge.

Cette motte peut avoir 120 à 150 mètres de circonférence à sa base et 3 mètres de haut.

Elle est recouverte d'une magnifique futaie qui prouve qu'elle ne se compose pas seulement de pierres ou de mâchefer, mais aussi de terre végétale en assez grande abondance.

D'après certaines particularités observées par M. Desveaux, il est présumable que ce tumulus recouvre quelques sépultures gallo-romaines. — Il serait curieux de vérifier le fait.

J'ai signalé, dans le *Répertoire archéologique de la Vienne*, au village de la Motte, commune de Queaux, un autre monticule du même genre que celui de Bouresse, avec cette différence, cependant, que ce dernier peut être, jusqu'à nouvel ordre, considéré comme une sépulture, tandis que celui de la Motte est une construction militaire bien marquée, ainsi que l'indique le fossé profond qui l'entoure. Peut-être même n'est-il pas antérieur à l'époque du moyen âge.

Tombelle de la Buissière.

Près du village de la Buissière, dans un champ, on remarque un monticule arrondi, composé de terre et de pierres, haut de 2 mètres et pouvant avoir 30 mètres de circonférence à sa base. Il est présumable que c'est une tombelle, ou, peut-être, les restes d'une construction gallo-romaine, comme il en existe dans le même champ, à quelques mètres de distance ; du moins ceux-là sont caractérisés par la nature et la forme des matériaux qu'on y voit.

P.-Amédée BROUILLET,
Membre de la Société des Antiquaires de l'Ouest.

Poitiers. — Typ. de A. Dupré.

ERRATA DE LA PREMIÈRE PARTIE.

Page 2, ligne 15. Des tumuli, *lisez :* des tumulus.

» 6, en bas, on indique dans la planche XI une figure 6 qui ne s'y trouve pas.

» 7, les figures indiquées dans la planche Ire sont dans dans la planche I *bis*.

» 8, Même observation.

» 16, ligne 8. M. Lartet, *supprimez :* professeur de paléontologie au Muséum de Paris.

» 20, ligne 2. Leurs os, *lisez :* les os.

» 23, 2e caverne du Chaffaud, l'entrée notée Z dans le texte est N dans la planche VIII.

» 49, l'indication D pour une partie de la caverne paraît fautive.

» 50, au milieu de la page, fœlis *pour* felis.

» 51, ligne 7. Comme des tumuli, *lisez :* comme des tumulus.

» 52, ligne 28. Emphibolite, *lisez :* amphibolite.

» 58. Plus tardre peuplèrent, *pour :* plus tard repeuplèrent.

» 76, ligne 9. De Vilaigue, *lisez :* Villaigre.

» 83. Cervus Claphus, *pour* : Elaphus.

» 94, note 1, ligne 4. De Villaigue, *lisez :* de Villaigre.

» 98, ligne 9. Les tumuli, *lisez* : les tumulus.

» 99, ligne 19. Des oppida, *lisez :* des oppidum.

» 111, ligne 6. Des tumuli, *lisez :* les tumulus.

» *Id.*, ligne 13. *Id.* *id.*

ERRATA DE LA SECONDE PARTIE.

Page 6, ligne 27. Races, *lisez :* rares.

» 12, ligne 7. Ju, *génération*, et Jo, *corruption*, sont chez les Japonais les créateurs du monde. Tout leur doit son existence, est éternel, et ne fait que changer de forme. Il n'y a guère longtemps que la chimie moderne a reconnu et démontré cette vérité.

» 16, 17, 26, 29, 35, 45, il faut substituer à pl. X pl. IX, et à pl. XI, pl. IX *bis*.

» 23. En note, *voir* pl. XI et pl. XV, *lisez :* pl. IX et VIII *bis*.

» 28, ligne 10. Rocher F, *lisez :* rocher A.

» » ligne 21. Pl. X, fig. 1, *lisez :* pl. IX, fig. 4, n° 2.

» 29, ligne 8. *Voir* couche R, *lisez :* couche B.

» » ligne 20. Couche G, *ajoutez :* fig. 3.

» 40, dernière ligne, *lisez :* pl. VII, fig. 9.

» 41, ligne 13. Fig. 9, *lisez :* fig. 5.

» 42, ligne 12. Composition de divers os fossiles. C'est ici que doit se placer la note (1) qui est à la page 43.

» 45, ligne 12. *Lisez :* pl. XV et XV *bis*.

» » ligne 17. *Lisez :* pl. XII et XII *bis*.

» 48, ligne 1. *Lisez :* pl. XXI et XXI *bis*, fig 10, 15, 16, 24, 25.

» 49, ligne 4. *Lisez :* pl. XVI et XVI *bis*.

» 50, ligne 22. N° 7, *lisez :* n° 1.

» » ligne 22. N° 17, *lisez :* n° 11.

» 55, ligne 2. Même planche, fig. 2, doit commencer la 3ᵉ ligne.

» 64, avant-dernière ligne. *Lisez :* pl. XXVII *bis*, fig. 14.

» 80, ajouter : « s'ils ne se rapportent pas, comme nous le croyons, à l'époque de l'arrivée des Phéniciens, cinq siècles plustôt.

www.ingramcontent.com/pod-product-compliance
Ingram Content Group UK Ltd.
Pitfield, Milton Keynes, MK11 3LW, UK
UKHW021111220726
13924UKWH00004B/1643